Gakken

はじめての
赤ちゃん育児お助け
Q&A
ブック

川島 智世・著

はじめに

私たちが一人ひとり、体や物事の考え方が違うように、子育ても100人いれば100通り。子育てには「お子さんに何を与え、どう育てたいか」というママやパパの生き方が反映されます。

育児情報誌やインターネットでは、子育て術についていろいろな専門分野の方が様々な角度から情報を提供しています。その情報や知識は、自分なりの最高の子育て術を作り出す食材のようなもの。試してみて、自分たちの口に合えばOK。反対に無理を感じたら、その情報や子育て術に縛られず、自分たちの個性や生活スタイルに合うものだけを選び直し、自分たち独自のオリジナルの子育て術を楽しんでいけばよいのです。

オリジナルの子育て術を楽しみつつ、チャレンジしていくことで、人生は豊かになります。なぜなら、経験や体験の数だけ、人は豊かになるからです。

本書は「子育て術の食材」とでもいうべきアイデア本です。32年間、助産師として、妊産婦や生後すぐからの子育ての支援や乳幼児の育児相談に応じながら、従来の子育て術に縛られず、「どうすれば、もっと赤ちゃんが笑顔になり、ママやパパが前向きに楽しく育児ができるだろうか?」「簡単でもっと楽な育児術・お世話術はないのだろうか?」と、今の時代に合った子育て術を模索してきました。

そうやって研鑽したアイデアや子育て術の中で、子育て広場や育児相談で、よく相談される生後すぐから2歳児までの

①体の発達と健康
②心と言葉の発達
③母乳&ミルク
④離乳食
⑤日常生活のあれこれ
⑥ママ自身のこと
⑦ワーキングマザーの悩み

…を1冊の本にまとめました。

悩みの多い育児の中で、「こんな方法もあるの?」「こんな考え方もあるの?」と、本書が少しでも前向きに楽しく育児ができるきっかけ、悩みから抜け出す手がかりになれば、とても嬉しく思います。

夫婦そろって、祖父母とともに、あるいはシングルのパパやママがお子さん連れで。子育て広場や育児相談に来られる方は増えています。そんな方々が本書を手に取り、笑顔で子育てするための一助としてくださることを心から願っております。

助産師　川島 智世

突然ですが
育児をしている中で
こんなことに遭遇
したことはありませんか？
体重の増加がイマイチねぇ…
もっと飲ませて。はい次
え、は、
はい…
斉藤みく
長女・かりん(0)
どうやって!?
赤ちゃんに
大人の麦茶って
飲ませていいの!?
お茶
山田ともか
長男・はる(2)
長女・さくら(1)
授乳の時間だけど
ぐっすり寝てる…
ちいこ
長男・ぐっちゃん(6)
次男・もも(3)
こういうときって
起こしてまで授乳するべき!?

皆さん安心してください
初めまして！助産師の川島です！
悩めるママ・パパを助けに来ましたよ！
妊産婦 育児相談歴32年
息子1人・娘2人(子ども3人)
孫5人(2〜7歳)
育児はわからないことの連続…
赤ちゃんによっても育て方がまったく異なりますよね
こんなときどうすれば？聞きたいのに聞けない！
そんなときこそこの本の出番です
私が育児のなぜ？なに？に答えます！
さぁ育児の悩みが出てきたらこの本を開いてみて！

もくじ

第4章 離乳食

「自分で食べる力」をスモールステップで育てよう　117

第1章 体の発達と健康

順調に成長してるか
知りたい！
具合が悪そうなときは
どうする？を
解決

かわい〜♡
かりん(0)
出産おつかれさま
どう？新生児とのくらし
いや〜それが…
長時間寝てくれないから全然眠れないし下ろしたら泣くし…
あーーー…あるあるある…
寝たら寝たで息してるか不安だし…夫は夜勤がある仕事だからほぼワンオペだし…

かわいいんだけど初めてのことだらけで不安もすごく多くて…
成長曲線通りに大きくなってくれてるのかな？私の育て方でちゃんと成長してくれるのかな？とか…
安心してください
先生
パラ パラ パラ パラ…
不安を感じるのは愛情があふれてるからこそですよ！
それでは今日は成長が順調か確認する方法をお教えしましょう
出生体重にもよりますが…こちらの計算式を参考にしてくださいね

Q 1

赤ちゃんが順調に発育しているか知りたい（0か月）

A

2か月までは体重で。3か月以降はカウプ指数で判断を

0～2か月の赤ちゃんの場合、体重の増え具合で発育が順調かを判断します。ですから、まず体重測定。1日もしくは1か月の体重の増加量を計算しましょう。3か月以降は、身長と体重のバランスが目安に。その評価に使われる指数の一つが、カウプ指数で、その時点での体格が、標準範囲かどうかがわかります。現在は身長・体重を入力すればカウプ指数が表示される便利なサイトがあります。家庭で身長・体重を計測したら、それらを活用してカウプ指数をチェックするといいでしょう。

0～2か月の赤ちゃんの体重は赤ちゃん用体重計でチェック！

母子ともに元気で外出可能なら

デパートや大きいスーパーの授乳室、地域の「子育て広場」など、赤ちゃん用体重計が設置されている施設で計測できます。設置場所がわからない場合、自治体発行の子育てガイドブックやインターネットなどで調べるといいでしょう。

外出が難しい場合

レンタル会社で赤ちゃん用体重計のレンタルが可能。自治体の事業である赤ちゃん訪問を利用して、保健師・助産師に体重を測ってもらう方法もあります。

発育が順調か判断する方法

0～2か月の赤ちゃんの場合

① 1日の体重増加量で判断する

生後2～5日後に一時的に体重が減ることがあり、これを「生理的体重減少」といいます。体重を測定したらその体重から、生理的体重減少で最も減ったときの体重を引いて、その数値を日数で割ると、1日当たりの体重増加量がわかります。

例)10月1日生まれの赤ちゃんの場合

生理的体重減少で
最も体重が減った日
体重 3010g

↓

10月5日から
25日が経過
体重 3760g

〈計算式〉

① 3760g－3010g＝750g
25日間で750g、体重増加

② 750g÷25日＝30g
1日の体重増加量は30g

判断の目安	**●1日に25～40g、体重が増えていればOK** それより少ない場合は母乳・ミルクが足りていない、それより多い場合は母乳・ミルクの与えすぎの可能性があります。

② 1か月の体重増加量で判断する

誕生から1か月で、どれだけ体重が増えたかも判断の目安になります。

判断の目安	**●800g以上増えていたら問題なし** 1000g程度、増えているのが理想的。800g未満の場合は母乳・ミルクが足りていない、1500g以上増えていたら、母乳・ミルクの与えすぎの可能性があります。

ひとこと
アドバイス

1か月の体重増加量の目安は、出生時の体重で変化。例えば2500gと小さめだった赤ちゃんの場合「1500g以上増えてもよい」とされています。

発育が順調か判断する方法

3か月以降の赤ちゃんの場合

大人の体格を評価する指数であるBMIの乳幼児バージョンともいえるのがカウプ指数。「体重（g）÷（身長（cm）×身長（cm））×10」で計算できますが、おすすめなのはカウプ指数を計算してくれるサイトの活用。そのために必要な身長と体重を家庭で計測する方法をここでは紹介します。

＼動画あり！／

QRコードをスキャンすると、紹介したテクニックのやり方を動画で見ることができます。ぜひ活用してください。

身長を計測する方法

ママとパパなど、大人が２人いるときに行います。

1 メジャーを養生テープやセロハンテープで床に貼りつけます。

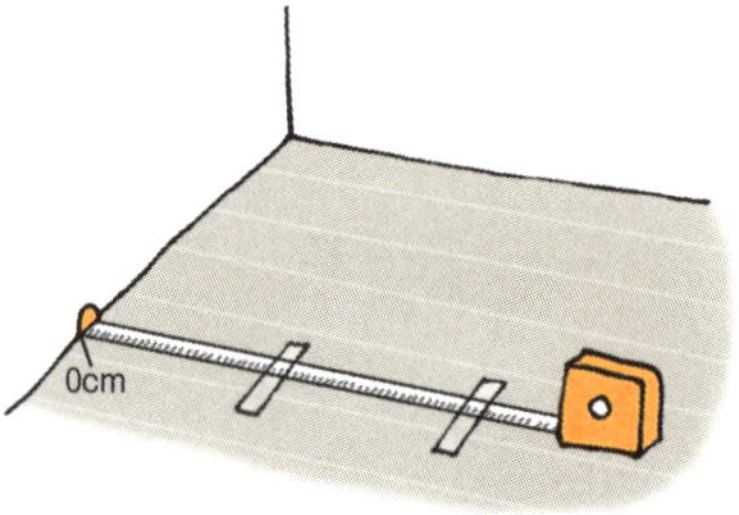

2 メジャーの上にバスタオルを敷き、赤ちゃんを寝かせます。バスタオルの端が赤ちゃんのお尻の下あたりにくるように調整しましょう。

3 一人が赤ちゃんの頭をやさしく持ち、頭頂部を壁につけます。もう一人が赤ちゃんの足首をやさしく持ち、メジャーの目盛りに足を置きます。このとき、足裏とかかとを結んだ位置にある目盛りが、赤ちゃんの身長になります。

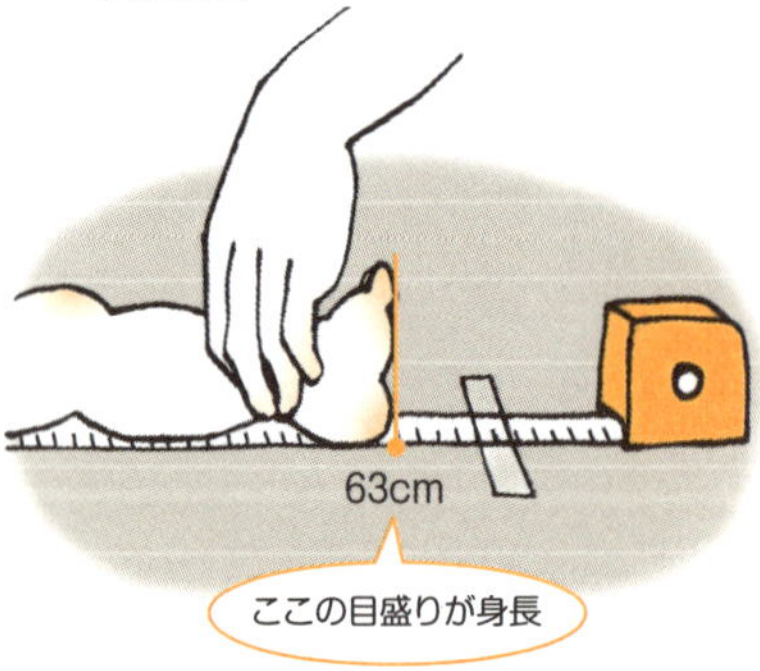

赤ちゃんがしっかり立てるようになったら

メジャーを養生テープなどで壁に貼り付けて、下敷きなど板状のものを頭に当てて、身長を測りましょう。

体重を計測する方法

赤ちゃんを抱っこして体重を計測。そこから大人の体重をマイナスすれば、赤ちゃんのだいたいの体重がわかります。衣類の着脱、授乳の前後など測定時の条件はできる限り同じにしましょう。

例）ママが赤ちゃんを抱っこしたら、56.5kg。
ママは50.3kgの場合

〈計算式〉
56.5kg－50.3kg＝6.2kg
赤ちゃんの体重は、6200ｇ程度

↓

〈カウプ指数 計算式〉
※赤ちゃんの身長が63cmの場合
6200ｇ÷（63cm×63cm）×10＝15.6
赤ちゃんのカウプ指数は、15.6

判断の目安

●カウプ指数の判定基準を見てみよう

カウプ指数は３か月～５歳の乳幼児に使われる指標ですが、赤ちゃんと幼児では体の状態が異なるため、基準となる数値も変化します。ここでは０歳・１歳・２～３歳の数値を紹介するので、参考にしてください。

カウプ指数の判定基準

評価	０歳	１歳	２～３歳
やせている	～14.5	～14	～13.5
やせ気味	14.5～16	14～15.5	13.5～15
普通	16～18	15.5～17.5	15～17
太り気味	18～20	17.5～19	17～18.5
太っている	20～	19～	18.5～

カウプ指数を計算するサイトは、「カウプ指数　計算」などのワードで検索すると見つけることができます。また、カウプ指数が計算できるアプリもあります。アプリストアで「カウプ指数」などのワードで検索してみるといいでしょう。

Q2 1か月健診で「体重の増えが悪い」と言われました。どうしたら体重を増やせる？（1か月）

A 寝る前は満腹になるまで母乳（ミルク）を飲ませてみましょう

3時間おきに授乳していたのに、体重の増えが悪い場合、

● **母乳なら授乳後に毎回ミルクを50～80㎖足す**（1か月の場合）

● **ミルクなら1回ごとの量、もしくは授乳回数を増やす**

これが基本の対策となります。

さらなる裏技は、寝る前にできるだけ多く飲んでもらうこと。

「寝る前に食事をすると太る」といわれますが、赤ちゃんも同じ。

ほとんどの赤ちゃんは、腹八分目まで満たされるとウトウトして飲むスピードが落ちてきます。

そこで寝かせたくなりますが、夜の最後の授乳では赤ちゃんを覚醒させて、満腹になるまで飲ませてみましょう。

そのときに使える二つのテクニックを紹介します。

満腹になるまで飲ませるテクニック

① 足裏ツンツン

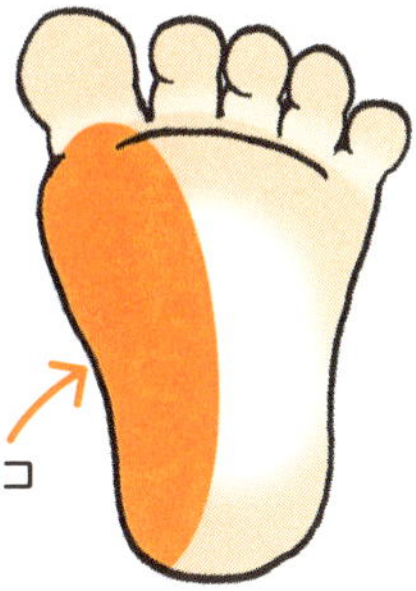

足裏の親指の下あたりをツンツンつついたり、こすったり。その刺激で赤ちゃんはハッとして、また勢いよく吸い始めます。

② げっぷで胃の空気抜き

飲むスピードが落ちてきたら、一度げっぷ。
胃の空気を抜けば、その分、また飲めるようになります。

ひとことアドバイス

これらを試してもウトウトしているなら、授乳を終えて寝かせましょう

ミルクの足し方については Q83（P96）もチェック！

3 カウプ指数が21で太りすぎ。肥満にならないか不安（4か月）

今は太っていても大丈夫。ただし飲みすぎには注意

歩いたり走ったりするようになれば、体重の増加は落ち着くので、今、太っていても基本的には大丈夫。
ただ泣くたびに授乳している場合、
母乳・ミルクの与えすぎになっているかもしれません。
抱っこで上下にやさしく揺らしたり、外出したり、しばらくあやしてみるといいでしょう。
早飲みも赤ちゃんが太りやすくなります。
ミルクを5分以内に飲み干している場合
カウプ指数を確認しつつ、次の二つの方法を試して、15分程度かけて飲ませるようにしましょう。

早飲みを防ぐ方法

1 ほ乳びんの乳首を替える

ほ乳びんの乳首の穴には、丸穴、Y字型のスリーカット、X字型のクロスカットがあります。早飲みになっている場合、丸穴のサイズをM→Sなど小さいサイズにしてみるか、赤ちゃんの吸う力に応じて出る量が変わるスリーカットやクロスカットに替えてみましょう。

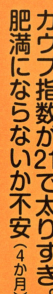

Column

親の生活習慣と子どもの肥満の関係

幼児期になると子どもは親と同じものを食べ、一緒に行動するため運動量も同程度となります。親が糖分や脂肪分の多い食べ物を好み、あまり動かない生活を送っていたら、子どもも太りやすくなるのは当然。ですから子どもの肥満を予防したいなら、家族全員の生活習慣を見直しましょう。特に、赤ちゃんのときから親子あそびを通して、体を使ってあそぶ楽しさを教えることはとても大切です。

2 じらしながら飲ませる

ミルクを飲ませているときに、数分間の休憩タイムを数回はさむようにします。可能な範囲でこれを続けるうちに、赤ちゃんは満腹感を覚えて飲むのをやめるなど、自分で飲む量を調整できるようになります。

ひとこと
アドバイス

下痢などで体調を崩すと赤ちゃんはやせるので、カウプ指数は18～19あってもOK。19になったら、あとはそれを維持することを目指しましょう。

4

急激に体重が増えました。授乳回数を減らすべき？

（0か月）

乳腺炎予防のために1日8回は授乳を

母乳育児の場合、体重が標準より増えても問題ない、という考え方が現在、主流となっています。ですから、発育曲線のカーブにそっていて授乳間隔も2～3時間空いているなら、様子を見て大丈夫。逆に授乳回数を減らすと、母乳の分泌量が減ったり、乳腺炎になりやすくなったりします。1日8回を目安に授乳を続けましょう。

5

小さめで生まれて、ずっと発育曲線の下側ギリギリ。今後、追いつける？

（8か月）

年齢が進むにつれて親と似た体格になります

発育曲線にそっているのは、赤ちゃんが健やかに成長している証。小さめで生まれた不安もある中、懸命に子育てしてきた賜物ですから、まずは「よく頑張ってきた」と自分たちをほめてください。たとえ今、体が小さくとも、運動発達に問題がなく、離乳食もしっかり食べていれば大丈夫。小学校まで背が低めでも、中高生のときにグーンと伸びる子がいるように、年齢が進むにつれて、両親から受け継がれた遺伝子どおりに成長していきます。

6

身長や体重は標準なのに頭位のみかなり大きめ。大丈夫？

（9か月）

健診で何も言われない場合個性の一つと捉えてOK

乳幼児健診では、いろいろな視点から医師や保健師、助産師が全身をチェックします。気になるケースはフォローの対象になりますから、何も言われなかったら問題はないと考えていいでしょう。目や手の大きさがそれぞれ違うように、頭が大きいのも赤ちゃんの個性。健やかに成長しているなら、安心して丸ごと受け入れて、楽しく子育てしていきましょう。

7

ちょっとしたことで手を広げてビックリ。ねんね中も目を覚ましてしまいます（0か月）

「モロー反射」という新生児特有の動きです

赤ちゃんは物音や振動などの刺激があると両手を広げて驚くようなしぐさをします。これは「モロー反射」といわれる動き。反射とは外界からの刺激によって特定の筋肉などが無意識に動く現象。0～4か月頃に見られる正常な反応で自然に消えますから、心配いりません。モロー反射が激しくて、目を覚ます場合はおくるみで手足をほどよく固定してあげると反射が起こりにくくなります。

赤ちゃんの腕は「W」の字の形のまま合掌し、足は「M」の字の形を保ったまま、おくるみでやさしく手足を固定します。

ひとことアドバイス

モロー反射は危険から自らを守ろうとする動きといわれていて、運動機能の発達のために必要な運動です。

あ～なんで0歳児って
こんなにふにゃふにゃ
なの♡
かわいいよね～
抱っこは
もう慣れた？
慣れたけど
落としたら
どうしようって
めっちゃ考える
ふにゃふにゃすぎて…!!!
あと首のこと考えたら
縦抱きが怖くて怖くて
わかるわ…
初めてゲップさせるとき
めっちゃこわかった…
この小さいのを
たてだき!!?
ご存知ですか？
先生
赤ちゃんって実は
縦抱きが好きなんですよ
え、そうなんですか!?

Q 8

まだ首がぐらつきます。縦抱きするのは早いでしょうか（3か月）

A

首をしっかり支えれば縦抱きしてもOKです

肩と手で赤ちゃんの頭をしっかり支えれば生後すぐから縦抱きが可能です。
首がすわれば、赤ちゃんは同じ抱っこの仕方で自分で頭を持ち上げられるようになります。

赤ちゃんの気持ち

ママのおなかの中では、頭を下にして縦になって過ごしていたから、横抱きより縦抱きのほうが好き

赤ちゃんの頭を肩にのせるように置き、手を後頭部にやさしく当てて、首を支えます。胎児姿勢のように赤ちゃんの体を丸め、包み込むイメージで抱っこしましょう。

ひとことアドバイス

頭を支えるとき、手首はまっすぐに保ちましょう。
手首をねじると腱鞘炎を起こしやすくなります。

9

5か月に入ったけど まだ首がぐらつくときがあります（5か月）

首すわり後でも頭が重くて ぐらつくことがあります

体と比較して頭が大きめの場合、5か月以降でも、頭の重さに負けて首がぐらつくのはよくあること。

- **寝かせているときに左右やななめ方向に顔を向けているか**
- **手足を活発に動かしているか**
- **ミルクや母乳をしっかり飲めているか**

こういった点を総合的に見て問題なければ、大丈夫です。あそびの中で、頭を持ち上げる筋力を鍛えていくといいでしょう。

首や背中の筋力を育てるあそび

赤ちゃんをうつぶせにして、片手で胸を、もう一方の手で股をはさむように持ちます。そのまま赤ちゃんを10cmほど持ち上げて、5つ数えたら、やさしく下ろします。

10

Q 「たかいたかい」などのダイナミックなあそびはいつからOK?(4か月)

A やさしく行うのであれば首すわり後から可能です

抱っこしたまま、ゆっくり行うのなら首がすわればできます。少し持ち上げる程度から試して様子を見ながら高さを上げていきましょう。一瞬、手を離すバージョンは6か月頃から。ただし発達の個人差や好き嫌いがあります。赤ちゃんが表情や体をこわばらせたら、すぐ中止。やさしく抱きしめて緊張をとってあげましょう。

「たかいたかい」をするときは、赤ちゃんの脇腹を包みこむように持ちます。ギュッとつかむのはNG。そのままやさしく持ち上げましょう。

ひとことアドバイス

笑顔になったり足をバタつかせたりするのは、楽しいサイン。その場合、高さをアップしたり回数を増やしたりするといいでしょう。

Q 11

足をひねっているのにまだ寝返りができません（5か月）

A

腹筋や腹斜筋をあそびの中で刺激しましょう

寝返りは、腹筋など上半身の筋肉と太ももなど下半身の筋肉を連動させる動き。足をひねる動きも、腹筋や腹斜筋を使いますから、この赤ちゃんは寝返りで使う筋肉を自分で鍛えているようなもの。あそびの中で腹筋や腹斜筋を刺激しながら見守っていきましょう。

寝返りを促すあそび

赤ちゃんが足を交差させていたら、「コチョコチョ」などと声かけしながら、脇腹をやさしくくすぐります。

ひとことアドバイス

くすぐられると、赤ちゃんは頭や肩、脇腹を浮かせるように体を動かしますが、このとき、腹筋や腹斜筋が使われます。

12

Q 寝返りで手を抜くのが苦手。手伝わずに見守るべき？（6か月）

A 自力で手を抜けるように手助けしましょう

赤ちゃんは、船が左右に揺れるように体を動かして、下になった手を抜きます。ですから、ただ単に赤ちゃんの手を持って手伝うのではなく体を揺らしてあげて、自力で手を抜くことができるようにサポートしましょう。

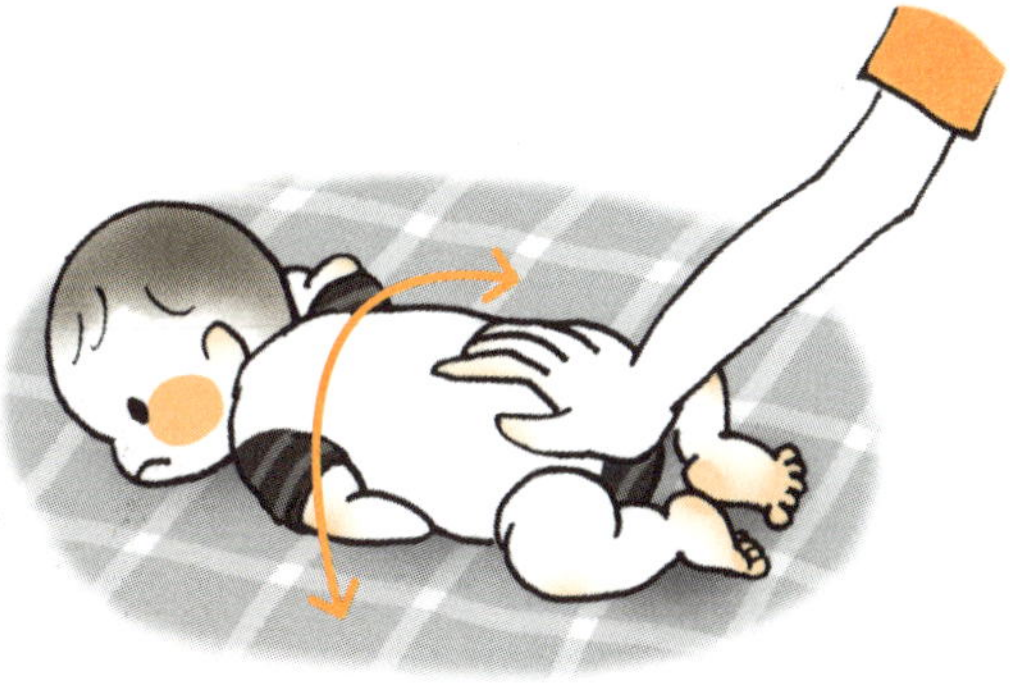

寝返りで手が抜けない赤ちゃんのサポート法

赤ちゃんのお尻を手のひらで包み込むようにやさしく持ちます。体全体をゆっくり左右に揺らして、体の片側を浮かせると、赤ちゃんは自分で手を抜きます。

ひとことアドバイス

手が抜けたら「よく頑張りました」と抱きしめてほめてあげましょう。

Q 13 いつも右側から寝返り。体の左側に何か問題があるのでしょうか？（6か月）

A 筋力の左右差によるもの。心配いりません

筋力には左右差があるもの。この赤ちゃんの場合は体を右側にひねる力が強いだけなので問題ありません。あそびの中で楽しみながら、反対側への寝返りを促しましょう。

赤ちゃんの両足のふくらはぎを軽く持ち、左足はまっすぐに保ったまま、右足を腰からひねりながら足を交差させて左側からの寝返りを促します。5つ数えたら戻します。

Q 14 おすわりさせるとすぐ前のめりに。座らせるのは早い？（7か月）

A 周囲の安全を確保すればおすわりさせてもＯＫ

赤ちゃんは頭が重いので、その重みで前のめりになるのは普通のこと。それで体や腰に負担がかかることはありません。ママやパパのひざの上に座らせるなどの方法で、おすわりの練習をするのもＯＫ。その状態でしっかり抱っこすれば、親子で公園のブランコに乗ることもできます。赤ちゃんの様子を見ながら、やさしい揺れを楽しみましょう。赤ちゃんを床に座らせて、どれくらいおすわりの姿勢を保てるか、試すのもいいでしょう。ただし前や後ろに転がることがあるので、周囲の安全はしっかり確保。グズりだしたり転がって泣いたりしたときは、「よく頑張ったね」と抱きしめてあげましょう。

Q15 おすわりさせようとすると足を突っ張らせて嫌がります（7か月）

おすわりを嫌がる理由としては

- **股関節やひざ関節の柔軟性が悪い**
- **反り返りが強い**
- **「座りたくない」という意思表示**

の三つが考えられます。対策を紹介します。

A 体を丸めてすばやく座らせてみましょう

関節の柔軟性が悪い場合

M字ストレッチ

赤ちゃんの足裏を手で包み込むように持ち、足の「M」の字の形を保ったまま、やさしく押し上げたり、ゆるめたりします。

赤ちゃん自身が座りたくない場合

胎児姿勢で抱っこ

反り返りをさけるために、片手で赤ちゃんの脇を、もう一方の手でひざ下を支えて、胎児姿勢のように体を丸めます。そのまますばやく足元から座らせます。

ひとことアドバイス

赤ちゃんは擬音語、擬態語が大好き。「ブルンブルン」などと声かけしながら座らせましょう。

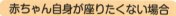

16

はいはいをしないのですが見守っていて平気でしょうか？（9か月）

はいはいしなくても発達に問題はありません

赤ちゃんの発達には個人差があり
はいはいをしないまま
つかまり立ちを始める赤ちゃんもいます。
ですから、心配しなくても大丈夫。
はいはいにこだわらないでよいのです。
ソファの上り下りで
腕や体幹の筋肉を鍛えたり
あそびの中で体の様々な部位の
筋肉を刺激することも
はいはいと同じ効果があります。

全身の筋肉を鍛えるソファ上り

ソファに寄りかかっている赤ちゃんに声かけしてから、足裏をママやパパの手のひらにのせます。そのままやさしく押し上げると、赤ちゃんは全身の筋肉を使って、ソファに上ります。

17

よつばいのはいはいではなくおすわりで移動。これって変？（10か月）

移動方法は様々。個性の一つと考えましょう

赤ちゃんの移動方法には多くのバリエーションがあります。これは筋力や好みの違いによるもので、個性の一つですから心配はいりません。
つかまり立ちが始まったら全身の筋肉が鍛えられるソファの上り下りなどに積極的に取り組むといいでしょう。

いろいろある赤ちゃんの移動方法

おすわりで移動
おすわりでお尻をつけたまま、進みます。

背ばい
あお向けで背中をつけたまま移動します。

寝返りで移動
寝返りをくり返して、行きたい場所へと移動します。

18 つかまり立ちしてもすぐグラついて尻もちをつくのが心配（10か月）

下半身の筋力がつけばグラつかなくなります

自分の体を支えて立つには下半身の筋力が必要になります。十分な筋力がない場合、体を支えきれずに尻もちをつくのはよくあることなので、気長に見守りましょう。つかまり立ちが始まると好んでスクワットの動きをするように。歩くために下半身強化の自主トレをしているので尻もちを恐れずさせてあげましょう。

下半身に筋肉がつくとゆっくり体を下げて（腰を落として）尻もちをつかずに着地するようになります。

ひとことアドバイス
赤ちゃんが頻繁に尻もちをつく場合、床にやわらかいマットを敷く、家具の角にコーナーガードをつけるなどの安全対策もしっかり行いましょう。

19

伝い歩きは1～2歩で、すぐはいはい。もっと歩いてほしい（11か月）

歩く楽しさをあそびで伝えてみては？

今は伝い歩きより
はいはいのほうがスムーズに
移動できるのでしょう。
下半身の筋力がつけば
伝い歩きする距離は
自然に伸びていくはず。
筋力アップも兼ねて、
あそびの中で歩く楽しさを
伝えていきましょう。

つかまり立ちができたらチャレンジ！

椅子でトコトコ

食卓椅子など重めの椅子の座面に赤ちゃんをつかまり立ちさせて、ママやパパは背もたれを持ちます。少しずつ椅子を引いて、赤ちゃんを歩かせてみましょう。

ひとことアドバイス

筋力がつくと、赤ちゃんは自分でものを押して歩くのを好むようになります。その場合、押すものが軽いと勢いで転ぶこともあるので、かろうじて動く重さに調整を。

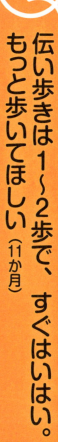

20

伝い歩きはしっかりできるのに、一人で立つ気配がありません（1歳1か月）

スクワットしているなら見守るだけで大丈夫

つかまり立ちや伝い歩きをしている赤ちゃんの様子を観察してみてください。ひざを曲げ伸ばしするスクワットを頻繁に行っていませんか。

立つためには上半身を支える筋力が必要。そのために赤ちゃんが自ら行うのがスクワットです。十分な筋力がつくと、伝い歩きなどの最中に一瞬、手を離して立つようになります。その時間が徐々に長くなり、やがて立ち、歩けるようになるはずです。

片手で上半身を支えながらスクワットする赤ちゃんもいます。こうすることで下半身への負荷も高くなり、やがては両手を離して立てるようになります。

21 いつも右を向いています。向きぐせは直すべき?（0か月）

無理に直す必要はありません

この時期の赤ちゃんは胃がとっくり状で吐きやすいため、自ら顔を横に向けて吐いたミルクが気管支に入らないようにしています。新生児期の赤ちゃんは、いつも同じ方向に顔を向けて寝るため、頭の形がゆがむのでは、と心配になりますよね。でも、成長とともに頭の形は整っていくので大丈夫。最終的には遺伝によって、ママやパパと似た頭の形になります。

22 ヘルメット治療で頭のゆがみを直せると聞き気になっています（2か月）

費用も時間もかかるためママ&パパの考え方次第

ヘルメット治療とは赤ちゃんの頭のゆがみ矯正を目的に、頭蓋形状矯正ヘルメットを約6か月間、理想としては1日23時間、装着する治療です。病院により異なりますが、治療費は50万円前後。矯正すると形は整いますが、年数が経つと遺伝の影響を受けて自然に変化していきます。髪が生えれば頭の形はそれほど気にならなくなりますから、やるかどうかはママ&パパの考え方次第です。

23 周囲の赤ちゃんと比べると髪が薄くて不安です（9か月）

親や祖父母の赤ちゃん時代をチェック

髪質や毛量は遺伝します。ですから、ママやパパ、じいじ、ばあばの赤ちゃん時代の髪の生え具合を確認してみましょう。赤ちゃんのときは薄毛だったけど、その後気にならなくなった、という人がおそらくいるはず。ほとんどの場合、今、薄くても心配いりませんが、3歳になっても薄いようであれば、小児皮膚科で相談するといいでしょう。

24 沐浴で耳にお湯が入っても大丈夫？（0か月）

水分が耳の奥に入り込むことはありません

耳に水が入ったとしても、よほどのことがない限り、耳の奥まで入り込むことはありません。ですから心配しなくても大丈夫。お風呂上がりに、耳たぶや耳の穴の入り口についた水分を綿棒でやさしくぬぐってあげるだけでOKです。

25 おもちゃを目で追う様子がなく見えているか不安（4か月）

赤ちゃんの目を引くおもちゃで試してみては？

4か月頃の赤ちゃんの目を引きやすいのは、赤青黄などはっきりした色やキラキラ光るおもちゃ。声かけしながら赤ちゃんの目の先でそれらを振り、視線が合ってからゆっくり動かしてみましょう。ただし気持ちが向かなかったり、動きが速すぎたりすると、この時期の赤ちゃんはすぐ視線を外すことがあります。あそびとして笑顔で楽しんで行ってあげるとお子さんの表情も進化していきます。

26 テレビをすぐ近くで見ています。目に悪い？（10か月）

見続けると、脳と目の発達に悪影響があります

赤ちゃんは気になるものを近くで見ようとしますから、テレビに近づくのは自然なこと。しかしその時間が長くなると、目と脳の発達に悪影響を及ぼすといわれています。テレビの周囲に柵を設置するなどの工夫をしましょう。ちなみにWHOのガイドラインでは、0～1歳はテレビなどの画面を見る行為を避け、2歳では1日1時間を目安とすることを推奨しています。

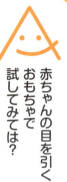

27

鼻づまりがひどく寝られないようです（10か月）

綿棒や鼻水吸引器で鼻水・鼻くそを取りましょう

ティッシュや綿棒、鼻水吸引器で鼻水を取るのが基本のケア法となります。ただ、ほとんどの赤ちゃんは鼻をいじられるのを嫌がるため、動かないようにしっかり赤ちゃんを固定。その上で、鼻の入り口の鼻水は軽くティッシュでぬぐって取ります。鼻くそと、そのまわりの鼻水は綿棒をくるくる回しながらやさしく巻き取るように取ります。鼻水吸引器を使う場合は鼻の粘膜を傷つけないようにノズルを顔に対して垂直に当て何回かに分けて吸い取りましょう。

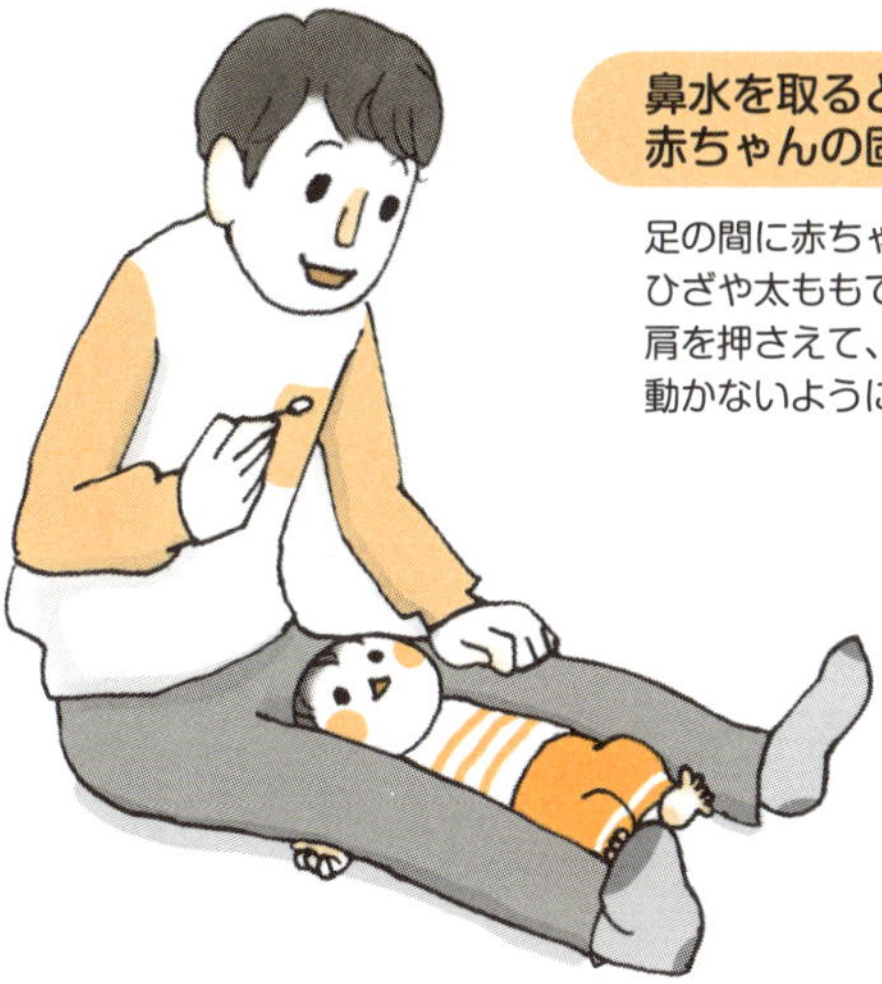

鼻水を取るときの赤ちゃんの固定の仕方

足の間に赤ちゃんを寝かせ、ひざや太ももで赤ちゃんの肩を押さえて、赤ちゃんが動かないようにします。

あの時間がきたな…
カタ…
はッ
ダッ
あっコラ!
ちょっと待って すぐ すぐだから
ぎゃ〜
ばい菌さんをやっつけるから
っっ
ハァ ハァ
完了
ぎゃ
っっ
これ…これからも毎日続くの…?
先生…
わっ どうしたの!?

28

歯みがきを嫌がります。歯のケアはどうしたらいい？（6か月）

「歯のケア＝気持ちいい」と教えることを優先しましょう

赤ちゃんには自分の体を危険から守る自己防衛本能があるので、口や目、鼻などをいじられるのを嫌がるのは、自然なこと。無理やりみがくと、赤ちゃんは歯のケアが怖くなり、口を開けてくれなくなるし、歯ぐきを傷つけてしまう恐れもあります。ですから、赤ちゃんが歯みがきを嫌がる場合、きれいにみがくことより、「歯のケア＝気持ちいい」と学習させることを最優先に。乳児期に信頼関係を構築すれば、1歳以降に仕上げみがきをするとき、赤ちゃんは自ら口を開けてくれるようになります。P44で紹介する四つのポイントを実践して、赤ちゃんの歯を守りながら笑顔で仕上げみがきできる状態を目指していきましょう。

乳児期の歯のケア　4つのポイント

①「歯のケア＝気持ちいい」とインプット

ひざの上に赤ちゃんを寝かせて、声かけしながらほっぺをなでたり、口のまわりをつついたり。仕上げみがきの姿勢で口まわりを触られることの心地よさを学習させます。

② 噛むあそびで歯の汚れを落とす

８か月～１歳頃の赤ちゃんは、おもちゃや布製品、絵本などなんでもガシガシと噛むようになります。これには唾液の分泌を促して、汚れを落とす虫歯予防の効果があります。思う存分かじらせてあげましょう。

③ 虫歯になりにくいおやつを与える

おやつは、干しいも、おしゃぶり昆布、リンゴ、野菜で作ったおやつ、野菜スティックなど虫歯になりにくいものを与えましょう。クッキー、プリン、ゼリーなどは虫歯の原因になりやすいです。

④ 食後に水分をとる

離乳食やおやつを食べた後、水や麦茶などを飲ませることも虫歯予防につながります。一方、ジュースや乳酸菌飲料は、虫歯を招きやすいため、飲んだ後は口の中を洗い流すように水か白湯、麦茶をゆっくり飲ませて。

1歳以降の歯のケアのポイント

1歳～

ママやパパのまねをするようになるので、口の奥に入れすぎないための安全ガードがついた歯ブラシを与えます。上手にみがけなくてもガシガシ噛むだけで、ある程度、汚れは落ちます。その後に仕上げみがきをして、口の中の汚れを洗い流すようにゆっくり水を飲ませます。

2歳～

自分で歯をみがく練習を始める時期。幼児用歯ブラシを持たせて、ママやパパが手本を示しながら、鏡に向かって一緒に歯みがきします。その後に仕上げみがきをし、水を口にふくませて口の中の汚れを出すうがいの練習をしましょう。

29

Q よく指しゃぶりをしています。歯並びに影響する？（5か月）

A 1歳頃までの指しゃぶりは歯並びに影響しません

赤ちゃんが指しゃぶりしたり、こぶしを口に近づけたりするのは、食べ物を口に運ぶ練習をしている、といわれています。1歳頃までの指しゃぶりには、赤ちゃんの発達を促す重要な役割があり、歯並びへの悪影響もありませんから、おおいにやらせてあげましょう。1歳を過ぎると、眠いときや退屈な場面などに指しゃぶりが出ることがあります。歯並びに影響する可能性があるのは2歳半以降の指しゃぶりなので、1歳のうちに体全体を動かすあそびをたくさん行い、その楽しさを教えてあげましょう。そうすることで退屈な時間が減り、寝つきもよくなるので、指しゃぶりは自然に減っていきます。

30

Q しゃっくりがよく出ます。しかも、一度出たら、なかなか止まりません（6か月）

A 体が未熟なだけなのでそのまま見守りましょう

赤ちゃんは体の様々な器官が未熟。ですから、授乳でおなかがふくれて横隔膜が圧迫されたり、汗やおしっこで体が冷えて横隔膜が収縮したりといった、ささいなきっかけで横隔膜がけいれんして、しゃっくりが出ます。どこかが悪いわけではないので、基本的にはそのまま様子を見ていればOK。何かしてあげたい場合は、授乳後にしっかりげっぷさせたり、おむつや衣類が濡れたらすぐ取り替えたり、赤ちゃんの手足や背中をマッサージして温めたりするといいでしょう。逆にしゃっくりを止めようと、赤ちゃんを驚かせたり、うつぶせにしたりすると事故を招く危険性があるので絶対にやめましょう。

31

よだれの量が多くて服がビショビショになってしまいます
（10か月）

量が多くても問題なし。2歳頃には治まります

よだれの量には個人差があり、多めの赤ちゃんだと服やスタイがビショビショになるのはよくあること。服を着替えさせたりする手間がかかり、ママやパパは大変ですが、健康上の問題はありません。乳児期のよだれには大切な役割があり、口の中の汚れを洗い流して、細菌の繁殖を抑えたり、虫歯を防いだりしてくれます。また離乳食を舌から食道へとスムーズに運んだり、消化を助けたりするのもよだれの役割。成長とともに分泌量は減り、2歳頃にはおさまりますから、そのまま見守りましょう。

32

まだ歯が生えていないのが心配です
（11か月）

1歳2か月頃までは見守っていて大丈夫

歯が生える時期は個人差が大きく、早い子で3か月頃、遅い子では1歳2か月頃とされています。ですから心配はいりません。1歳3か月になっても生えてこない場合は、小児歯科で相談してみましょう。ちなみに丈夫な歯にするためには、カルシウム、たんぱく質といった栄養が必要。11か月なら離乳食は後期に入っている時期ですから、イワシやサンマの水煮缶、小魚、豆腐や納豆などの大豆製品を意識して与えるといいでしょう。また天気がよく過ごしやすい日は、積極的に散歩に出かけましょう。紫外線を浴びることで、カルシウムの吸収を助けるビタミンDが体内で生成されます。

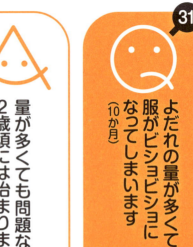

33 ほこりがついた手をしゃぶります。やめさせたほうがいい？（4か月）

発達に必要な行動なので止めてはいけません

手でいろいろなものに触れたり、その手を口に入れてしゃぶったりする行動には発達を促す大切な役割が。ですから、ほこりを気にして止めるのはよくありません。ごく少量のほこりなら口に入っても大丈夫。手がべとついていたりにおいがしたりするときは石けんで洗ってあげるといいでしょう。

ほこりを握りしめた手を洗う方法

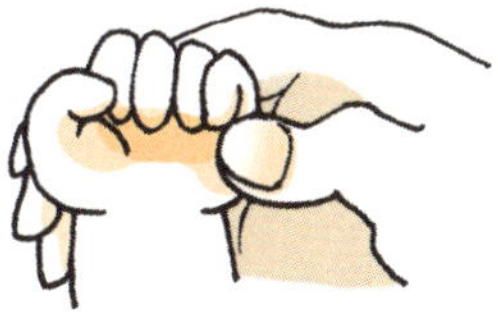

1. 赤ちゃんのこぶしの小指側から、ママやパパの親指を差し込みます。すべりをよくするために、親指には少量の石けんをつけるといいでしょう。
2. 赤ちゃんの小指から親指の方向に指を進めると、指が１本ずつ開いていきます。

3. 指が開いたらほこりを流水で洗い流し、タオルなどでやさしく押さえ拭きします。

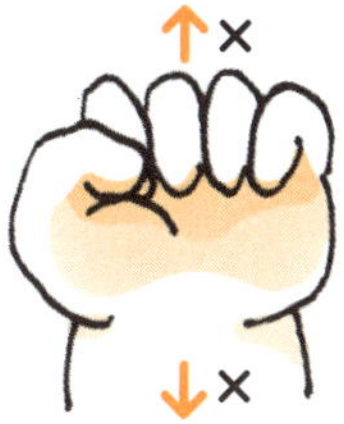

NG

矢印の方向に無理やり指を開こうとすると、赤ちゃんは逆にこぶしを握りしめようとするのでうまくいきません。

34 おもちゃをすぐに落とします。握力が弱いのでしょうか？（4か月）

軽めのおもちゃを試してみては

そのおもちゃが赤ちゃんにとって重いのかもしれません。まずは軽くてやわらかい小さな人形などから持たせてみてはいかがでしょうか。それを数分間、持っていられるようになったら、少し重めのおもちゃを試してみましょう。赤ちゃんにママやパパの指やハンカチなどをつかませて、ゆっくり上下左右に動かすあそびでも握力が鍛えられます。

35 左手ではおもちゃを振るのに右手ではできません（5か月）

握力をつけるあそびを右手で行いましょう

握力に左右差があるのは普通のこと。Q34で紹介した握力を鍛えるあそびを筋力が弱いほうの手で重点的に行ってみましょう。最初はすぐに手を放してしまうかもしれませんが、くり返すことでつかむ時間は長くなっていきます。しっかりつかめるようになったら、ひもやガーゼの先端などをつかませて、引っ張り合うあそびもおすすめ。

36 小さなものをつまむのがうまくできません（10か月）

おやつを使ってつまむ練習をしましょう

つまむ動作は「手のひら全体でつかむ→親指と他の4本の指でつまむ→親指と人差し指でつまむ」という順で発達が進みます。発達には個人差があるので、機能訓練だと思って、ボーロなど小さなおやつを毎日2～3個、食べさせてみては。最初はうまくつかめず落としてしまうこともあるでしょうが、くり返すうちに上手になります。

37

小さなニキビみたいなポツポツが。様子を見ていい？（0か月）

過剰な皮脂分泌が原因。丁寧なスキンケアを

生後間もない赤ちゃんはホルモンバランスが不安定。その結果、皮脂分泌が過剰になり顔の毛穴に赤いポツポツした湿疹ができることがあります。悪化を防ぐためには肌を清潔に保つことが大切。低刺激の泡タイプのベビーソープでやさしく洗い、しっかり洗い流して保湿。これを毎日行いましょう。

肌を清潔に保つ、基本のスキンケア

1 洗う
たっぷりの泡を転がすようにして、やさしく洗います。湿疹がある部位は丁寧に洗いましょう。

2 洗い流す
赤ちゃんの頭を少し持ち上げ、お湯が上から下へと流れるように角度をつけ、額から洗い流します。赤ちゃんはお湯がかかっても大丈夫なので、モタモタせず一気に！

3 保湿する
やわらかいタオルなどで、やさしく押さえ拭きした後、ベビー用のローションやクリームなどを塗ります。ワセリンを使用する場合、精製度の高い白色ワセリンを選びましょう。

ひとことアドバイス
2～3日、スキンケアを続けても、湿疹がひどくなるようであれば、小児科や小児皮膚科を受診しましょう。

38

よくおむつかぶれになります。防ぐ方法はありますか？（3か月）

お尻が乾いてからおむつをつけましょう

お尻を清潔で乾いた状態に保つことが何より大切。こまめにおむつを替えるのはもちろん、お尻を拭いたらしばらくそのままにして空気にさらすとよいでしょう。肌がさらさらになってからおむつをつけると予防になります。

下痢などでかぶれたときは

おむつ替えのときに洗面台で座浴、もしくはシャワーします。40度前後のお湯で汚れをやさしく洗い落とし、やわらかいタオルで水分を押さえるように拭き取りましょう。肌をこすらないように注意。

男の子の場合の注意点

おちんちんの重なる部分が蒸れてかぶれがち。おむつ替え後はしばらく、お尻を丸めてうつぶせにすると、お尻だけでなくおちんちんも乾きやすくなります。

ひとことアドバイス

なかなか治らない場合、カンジダ皮膚炎など他の病気の可能性も。小児科や小児皮膚科を受診しましょう。

うーん…
うー
便秘が続いてるなぁ…
ぐず
ぐず
みくちゃ〜ん…便秘薬ない？
リビングの棚の一番右の引き出し！
大人は便秘薬飲めたらいいけど赤ちゃんはそうはいかないし…
なんか解消法は…
みくちゃ〜ん
みくちゃ〜ん
ねえ便秘薬なくなっちゃった
どうする？
じゃあ買ってくればいいでしょう!?
かりんちゃんの便秘のほうが緊急だっつの
先生！便秘の解消法教えてください！
しょぼ

39

うんちの回数が減り便秘ぎみ。家でできるケアはある？（1か月）

母乳・ミルク不足を改善。体操で腸を刺激しましょう

排便回数には個人差があるので、赤ちゃんの機嫌がよければ様子を見て大丈夫。

ただ、母乳・ミルク不足は便秘の原因になるので、思い当たるなら、

●ミルクを足す

●母乳の場合、ママは1日2ℓを目標に水分を多めにとる

これらを心がけましょう。同時に次の体操に取り組むといいでしょう。

腸を刺激する体操

上半身起こし

両手で赤ちゃんの後頭部から首を支えて、ゆっくり上半身を起こして戻すことを5～6回くり返します。

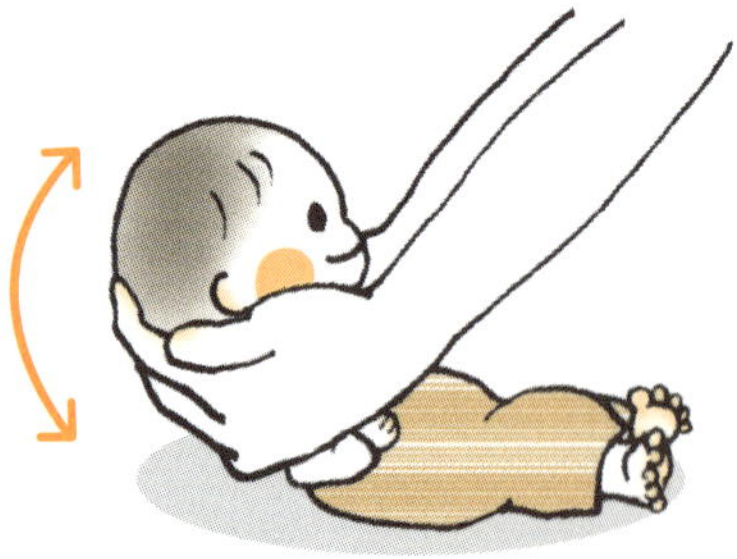

足の押し上げ

両手で赤ちゃんの足首を包むようにやさしく持ち、その足をゆっくり顔に近づけて戻すことを5～6回くり返します。

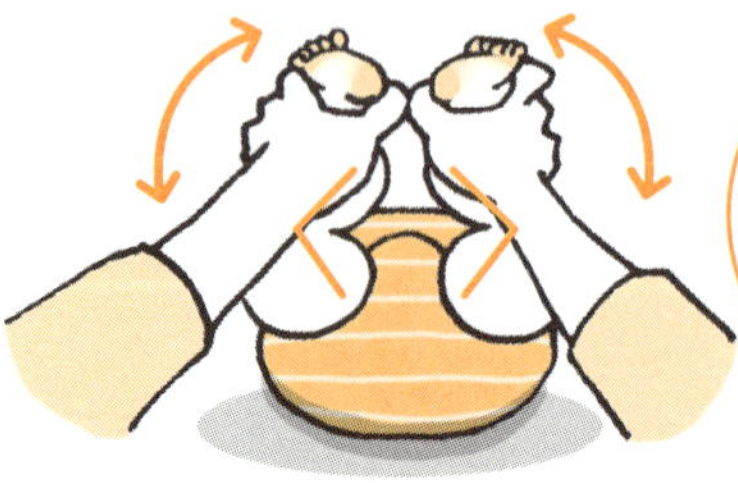

注意！

赤ちゃんの足の「M」の字の形を崩さないように注意。押し上げたときに、足がひし形になっていればOK。

便通を促す食事の工夫についてはQ89（P100）、Q128（P146）もチェック！

便を出やすくする　綿棒浣腸のやり方

水分補給や食事の工夫、体操をすれば、ほとんどの場合、便秘は改善します。3日過ぎてもよくならず、おなかが張ったり顔を赤くしていきんだりする様子があれば、綿棒浣腸をしてあげます。ただし自分で綿棒浣腸を行う自信がなければ、無理せず病院でしてもらいましょう。

用意するもの

・おむつ替えシート　・新しいおむつ　・大人用の綿棒
・ワセリン、ベビーオイル、馬油など、すべりをよくするためのもの

行うタイミング　授乳もしくは離乳食を終えて30分後くらい。
腸の動きが活発になるので、効果が出やすくなります。

1 おむつ替えシートの上におむつを置き、その上に赤ちゃんを寝かせます。おむつは前だけ外しておきます。

2 片手で赤ちゃんの両足首を持ち上げ、もう一方の手で綿棒を持ちます。綿棒の先端についている綿球にオイルなどをたっぷりつけて、1㎝くらいを目安に肛門に差し込みます。

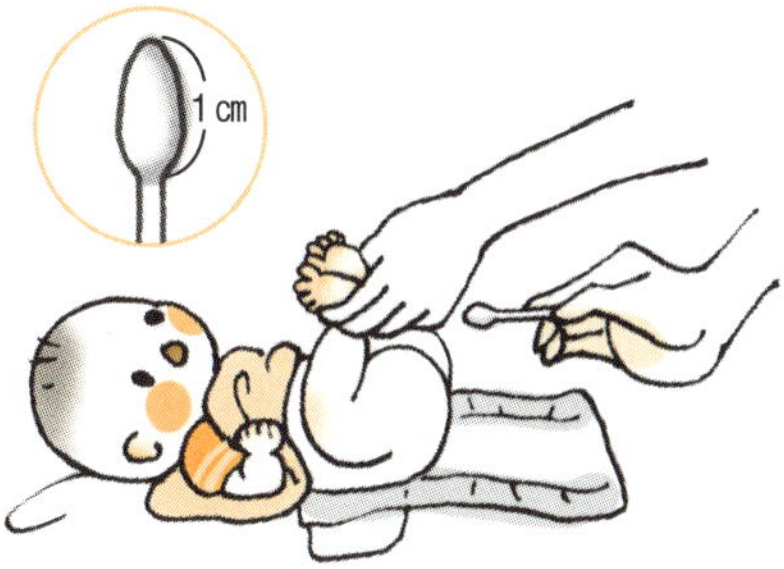

ポイント

赤ちゃんがいきんで綿棒を押し出そうとしたら、その瞬間に再度綿球を差し込むと、綿棒がいきみで押し出されなくなります。差し込むのは綿棒の綿球部分だけ。それ以上入れるのはNG。

3 綿棒をまっすぐに保ちながら、円を描くように綿棒を回します。5～6回回したら10秒ほど休憩することを3回くり返します。

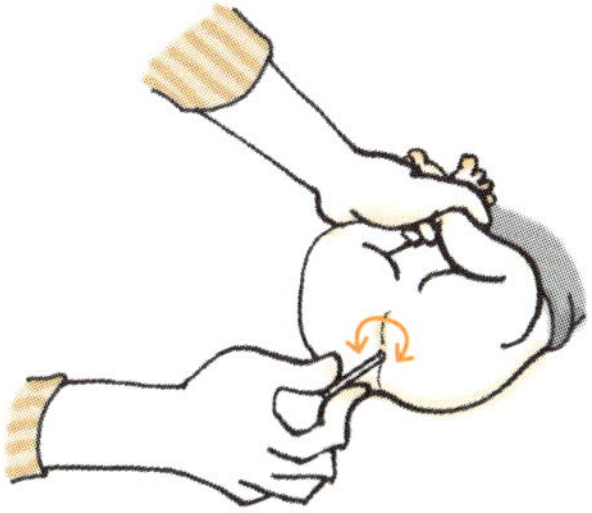

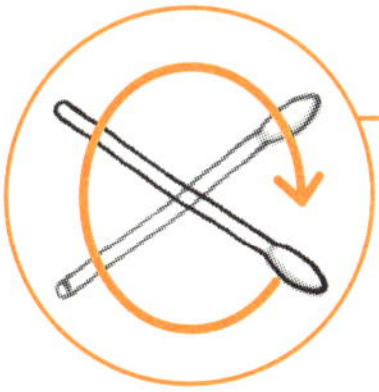

NG
綿棒を斜めにして回すのはNG。腸壁を傷つける恐れがあります。

4 そっと綿棒を抜きます。綿棒の先端に便がついていれば、うんちはすぐそこまで来ています。便が出なかったら時間を空けて、再チャレンジしてみましょう。

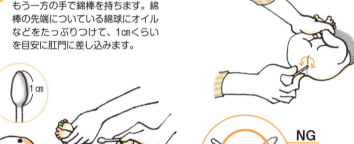

40

予防接種を受ける予定。注意することはありますか？（2か月）

赤ちゃんの体調がいいときに接種しましょう

予防接種を「病気にかからない。かかっても軽くすむ薬」と勘違いしているママやパパがいます。しかし、予防接種とは毒性を弱めたりなくしたりした病原体を投与して、免疫をつけるもの。健康な状態であれば、効果的に作用しますが、免疫機能が低下しているタイミングで受けると、その病原体が弱った体に悪さを働いたり副反応が強く出たりすることがあります。ですから、赤ちゃんの体調を何より優先。免疫力の高い状態で受けることを心がけてください。

予防接種を受けるときの注意点

●スケジュールどおりに打つことにこだわらない

予防接種の本来の目的は、赤ちゃんを病気から守ること。その効果がきちんと得られるように、スケジュールではなく赤ちゃんの体調を最優先して、接種のタイミングを決めましょう。

●当日は赤ちゃんの様子をよく観察する

赤ちゃんの機嫌がよく、食欲もあるなら接種OK。家で予診票などに記入をすませ、念のため、検温してから、病院や接種会場に向かいましょう。

●接種前日は無理せず過ごす

免疫力の高い状態を維持するために、予防接種の前日は無理せず過ごしましょう。遠出などはひかえてください。

赤ちゃんの体調が悪い場合

赤ちゃんが元気なく、グズグズしがちだったり食欲がなかったりするときは、医師にその旨を必ず伝えましょう。ほとんどの場合、快く接種の延期に応じてくれるはず。スケジュールの日程の組みなおしについても、相談してみるといいでしょう。

ひとことアドバイス

予防接種を受けた後は、激しい運動などをひかえ、ゆったりと過ごしましょう。

41

泣き方が激しいとつい心配に。病院に行く目安はある？（3か月）

不快を訴えているのかも？まずは原因のチェックを

一概にはいえませんが、赤ちゃんは体調が悪いと、ぐったりして大泣きする元気もなくなります。激しく泣くのは、それだけ元気な証拠でもあるので何らかの不快がないかをまずはチェック。

また、赤ちゃんは特に問題がなくても泣き続けることがありますが、一方でママやパパが「いつもと違う」と感じるなら、その勘が正しい可能性もあります。どうしても気になるなら、病院を受診してみるといいでしょう。

赤ちゃんが激しく泣く場合、ここをチェック

1 赤ちゃんをチェック

●**衣類を着せすぎたり、布団をかけすぎたりしていないか**
首や背中が汗ばんでいたり、顔が赤くなっていたりしたら、暑くて不快というサイン。衣類や布団を調整。夏は汗のベトベト感が不快で泣くケースもあるので、あせも予防もかねて、シャワーで汗を流すといいでしょう。水分補給も忘れずに。

●**肌トラブルがないか**
湿疹やかぶれがあり、かゆくてグズることも。この場合、皮膚科を受診しましょう。

●**おむつが汚れていないか**
おむつが湿ったり汚れたりしていると、肌に刺激となります。すぐ取り替えて、お尻も清潔にしてあげましょう。

2 環境をチェック

●**部屋の温度が暑すぎたり寒すぎたりしないか**
蒸し暑さや寒さで泣く場合も。外気温との差を5度以内に抑えることを目安にして、エアコンなどで室温を調節しましょう。

●**害虫がいないか**
衣類や寝具の中に害虫がいないかもチェックを。虫さされがある場合、その状態によっては病院を受診しましょう。

Q 42

薬を口から出してしまいます。よい飲ませ方はありますか？（6か月）

A ほおの内側に塗るなどの工夫をして飲ませます

赤ちゃんは味覚が敏感なので粉薬をそのまま舌にのせると、吐き出してしまいます。ほおの内側や上あごに塗るなど赤ちゃんに合った飲ませ方を工夫してみましょう。

粉薬を飲ませる方法

ほおや上あごに塗る

小皿に粉薬を出し、少量の水を加えてペースト状にします。清潔にした指の腹で薬をすくい、赤ちゃんのほおや上あごの内側に塗ります。その後、母乳や粉ミルクなど飲み物を飲ませましょう。

スポイトやスプーンを使う

果汁やスープなど赤ちゃんが好きな飲み物に混ぜて、スポイトやスプーンで少量ずつほおの内側に流し込みます。一気にあげるとむせるので、飲み込むのを確認してから、次を飲ませましょう。

ジャムやゼリーを使う

離乳食中期（7～8か月頃）からは、服薬ゼリーが使用可能。離乳食後期（9～11か月頃）からはお湯で薄めたジャムに薬を混ぜ込むこともできます。砂糖不使用、もしくは手作りのジャムを使いましょう。

NG

薬をミルクや離乳食に混ぜたり、ほ乳びんであげたりするのはやめましょう。それをきっかけに赤ちゃんがミルクなどを嫌いになることがあります。

ひとことアドバイス

薬を飲んでから30分以内に吐いてしまった場合、飲んだ薬の大部分が未消化なので、再度、飲み直しましょう。

第2章

心と言葉の発達

なぜ泣く？
何を考えてる？
知りたい！
赤ちゃんの気持ち

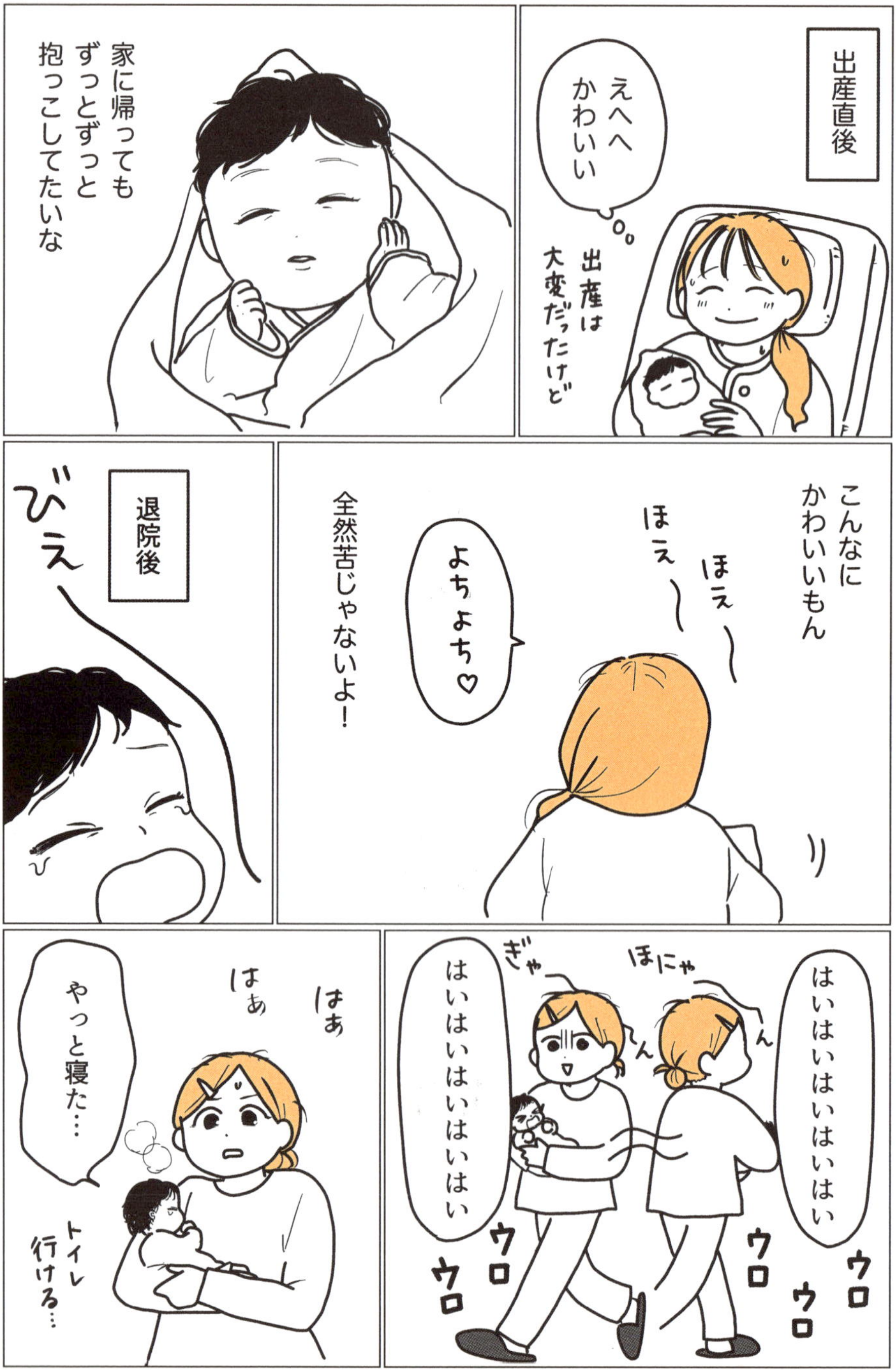
出産直後
えへへ かわいい
出産は大変だったけど
家に帰ってもずっとずっと抱っこしてたいな
こんなにかわいいもん
ほえ〜
ほえ〜
よちよち♡
全然苦じゃないよ!
退院後
びえ
はいはいはいはいはいはい
ほにゃ〜ん
ぎゃ〜ん
はいはいはいはいはいはい
ウロ ウロ
ウロ ウロ
はぁ はぁ
やっと寝た…
トイレ行ける…

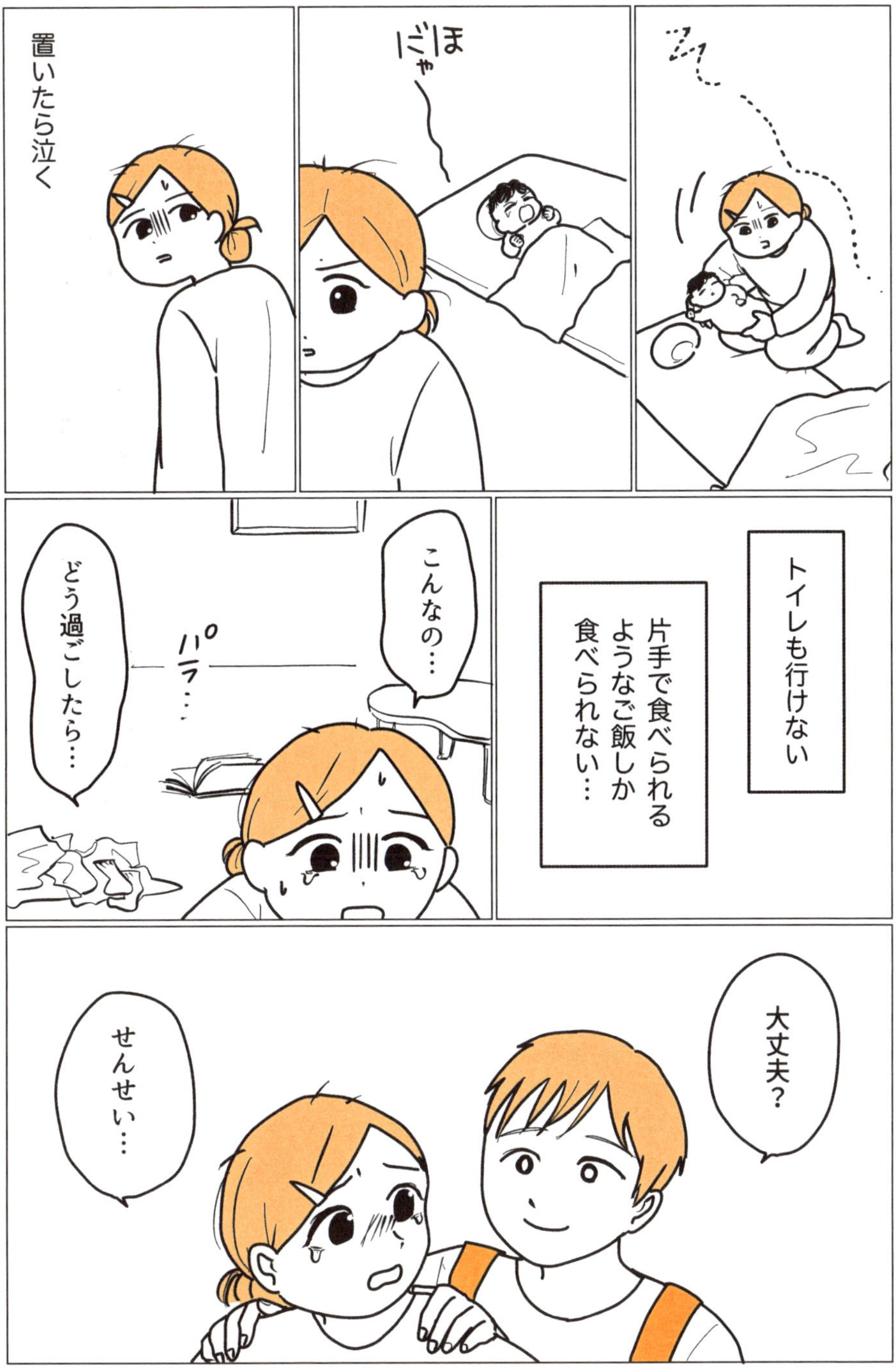
ほぎゃ〜
置いたら泣く
トイレも行けない
片手で食べられるようなご飯しか食べられない…
こんなの…
パラ…
どう過ごしたら…
大丈夫?
せんせい…

43

抱っこから下ろすと泣くので ずっと抱っこで何もできません（0か月）

おくるみにくるみ、抱っこ布団にのせて授乳。そのまま寝かせてみましょう

赤ちゃんはママやパパのぬくもりとにおいに包まれる抱っこが大好き。そのぬくもりとにおいを保ったまま、寝かせることが対策の一つになります。そこで、おすすめなのがママのにおいがついたおくるみやバスタオルで赤ちゃんをくるみ、※〝抱っこ布団〟の上に寝かせて抱っこすること。授乳もそのスタイルで行うと、ウトウトした赤ちゃんをそのまま寝かせることができます。

ねんねさせるとグズる赤ちゃん対策

赤ちゃんをおくるみでゆるやかにくるみ、“抱っこ布団”の上に寝かせた状態で抱っこ、もしくは授乳します。赤ちゃんがウトウトし始めたら、眠りが深くなるのをしばらく待ってから、“抱っこ布団”のまま移動すると入眠を妨げることなく寝てくれます。このとき、おくるみをほどよく固定し直すと、モロー反射で目が覚めるのを防げます。

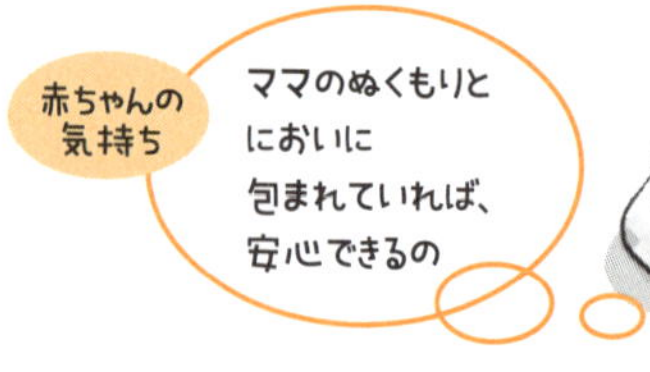
赤ちゃんの気持ち
ママのぬくもりと
においに
包まれていれば、
安心できるの

ひとことアドバイス

おくるみをゆるめにくるんでおくと、授乳後、そのままげっぷさせることができます。げっぷが出たら再び、抱っこ布団に寝かせましょう。

※抱っこ布団…赤ちゃんを抱っこしたまま寝かしつけることができる小さな布団

44

グズグズするとき、胎内音のBGMが効果的と聞きましたが本当？（1か月）

効果があるかどうかはその赤ちゃん次第

2か月くらいまでの赤ちゃんは、胎内と近い環境のほうが安心するのは本当です。ただ、赤ちゃんには好みやこだわりがあるため、胎内音が効果的かどうかは、その赤ちゃん次第。下で紹介するような工夫をしたうえで聞かせると、より効果が得られやすくなるかもしれません。

また、胎内音以上に赤ちゃんが安心するのは、おなかにいるときから聞き慣れている音楽やママ、パパの声。そんな音楽やパパやママの子守唄の歌声が赤ちゃんのやすらぎになるでしょう。

赤ちゃんを寝かしつける３つのテクニック

1. おくるみでくるむ
2. ゆりかごやベビーラックに赤ちゃんを寝かせ、やさしく揺らす
3. 赤ちゃんの呼吸に合わせて、トントンとやさしく体に触れる

3つのテクニックを実践しながら、胎内音や胎内にいるときに聞かせていた音楽をBGMにしたり、子守唄を歌ったりすれば、ほとんどの赤ちゃんが寝落ちします。

Q 45 授乳やおむつ替えなど何をしても泣きやみません（2か月）

A 泣くのは赤ちゃんにとってコミュニケーションの手段。様々な理由で泣きます

赤ちゃんは泣くことで気持ちを伝えるので、空腹やおむつの汚れなどの不快があるとき以外も、様々な理由で泣きます。例えば、赤ちゃんには自らの身を守る本能があるため、ママが少し離れただけで泣くことが。2か月頃になると、かまってほしい、という理由でも泣くようになります。2～4か月の赤ちゃんが夕方に不機嫌になる「たそがれ泣き」と呼ばれる現象もあり、原因不明で泣くのもよくあること。泣くことには赤ちゃんの胸筋を鍛えたり肺活量を増やしたりする効果もありますから、10分くらい泣かせっぱなしでも大丈夫。あやすのに疲れたら、寝かせてやさしくなでるだけでもOKです。

Q 46 ほとんど泣かない。逆に大丈夫か気になります（3か月）

A 赤ちゃんの個性なので心配不要。お世話が後回しにならないように注意を

「赤ちゃんは泣くのが仕事」とよくいわれますが、実は「あまり泣かないけど大丈夫だろうか」と相談に来られるママやパパは意外と多くいます。赤ちゃんにも個性や気質がありますから、泣かないのは性格がおだやかで感情の起伏があまりない赤ちゃんだということ。心配はいりません。ただ気をつけたいのは、泣かない〝いい子〟だからこそ、ママやパパの用事を優先してしまい、赤ちゃんのお世話が後回しになりがちなこと。それを防ぐために、授乳やおむつ交換は決まった時間に行い、笑顔で話しかけながら手足をマッサージするなど、触れ合う時間も意識してつくるといいでしょう。

47

反応が薄い赤ちゃんに、どう声かけしたらいいのかわからない（1か月）

赤ちゃんの気持ちを想像して代弁しながらお世話を

赤ちゃんと接したことのないママやパパが、どう声かけしたらいいか、戸惑うのは当然のこと。一方、赤ちゃんはそんなことお構いなしで、生後すぐから泣くことで気持ちを伝えてきます。ですから、赤ちゃんの感情を想像して代弁しながら、お世話することから始めてみるのはいかがでしょうか。反応がないように見えても、赤ちゃんは声かけや笑顔などすべてを感じ取っています。その刺激で、脳の発達も促されます。

赤ちゃんへの声かけのポイント

1 赤ちゃんの気持ちを想像して言葉にする

「おむつ替えてほしいの？」「眠いのね」など、赤ちゃんの気持ちを想像して言葉にしながら、あやしたりお世話をしたりします。お世話後も同様に「うんち出て気持ちいいね」と赤ちゃんの気持ちになって声かけしましょう。

2 朝晩のあいさつをする

「おはよう」「おやすみ」などのあいさつはもちろん、「今日はいい天気よ」「雨だね」「暑いね」など天気などについて語りかけるのもおすすめです。

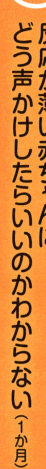

48

おもちゃにまったく興味がありません

（4か月）

ただ与えるのではなくおもちゃを仲介に言葉かけしましょう

おもちゃは赤ちゃんの成長段階に合わせて、五感を刺激したり運動発達を促したりする目的で作られたもの。ですから「赤ちゃんのどんな力を伸ばしたいのか」という視点がおもちゃ選びには欠かせません。そのうえで、おもちゃは親子のコミュニケーションを仲介するものでもあるので、ただ与えるのではなく、おもちゃを見せたり持たせたりして話しかけることが大切。目の前で揺らして「こっちよ」と意識が向くように誘ってみたり、「ひらひら」と言葉あそびをしてみたり。おもちゃを利用して赤ちゃんの五感を刺激すれば、たとえ興味を示さない子であっても、その言葉かけで発達が促されます。

49

一人あそびが好き。集中しているときは話しかけなくてもOK？

（9か月）

笑顔で見守るのが基本。ときどき言葉かけしましょう

赤ちゃんが何かに夢中になっているときは、無理に言葉かけしなくて大丈夫。ただ、おもちゃを口に入れて誤飲するなど事故につながる可能性もあるので、すぐ止めたり助けたりできる場所で見守ってください。まだ9か月ですから、ママやパパが笑顔で見守ってくれていることで赤ちゃんも安心するはず。もちろんときどきは、「このおもちゃ好きなの？」「面白いね」と話しかけたり、いろいろな仕掛けがあるおもちゃであそんでいるなら「ここを押すと音がするよ」などと教えて、あそびを広げたりするといいでしょう。その働きかけで、赤ちゃんの五感が刺激され、脳も活性化します。

50

スマホやリモコンであそびたがるので困っています(9か月)

スマホやリモコンによく似たおもちゃを代わりに与えてみて

ママやパパが目を輝かせて触っているものを赤ちゃんも触ってみたいと思うのは自然なこと。だからといって安易に渡すと、勝手に操作するなどのトラブルを招くことになりかねません。

また、「何でも自由に触っていい」と赤ちゃんが学習してしまいます。

壊されて困るものや貴重なものは大切に保管して、代わりのおもちゃを与えましょう。

次の対策も参考にしてください。

スマホなどを触りたがる赤ちゃんへの対策

対策1)
赤ちゃんの目の前では操作しない

大人が夢中になっているものが気になるのは当たり前。スマホに気をとられている間に、赤ちゃんが危険な行動やケガをすることもあります。ですから、赤ちゃんの目前でスマホなどを操作するのはひかえましょう。

対策2)
使っていないスマホやリモコンを持たせる

9か月くらいの赤ちゃんは、本物とよく似たスマホやリモコンを与えれば、それで満足しておとなしくなります。「これは○○ちゃんのスマホ」と言い聞かせて持たせてあげましょう。

Column

赤ちゃんが貴重品を手にしたときの対処法

いくら気をつけても、赤ちゃんがスマホなどの貴重品を手にしてしまうことがあるはず。このとき、無理に取り上げると大泣きするなど、対処に困ることになりがちです。そこでおすすめなのが、赤ちゃんにとってより魅力的なものをママが手に持って、「とてもすてき」「すごいおもちゃ」などと言ってアピールしながら示すこと。そちらに関心が向いた瞬間に、すばやく取り替えます。

51

絵本を読み聞かせても興味を示しません（10か月）

読み聞かせにはこだわらず親子で絵本を楽しんで

乳児期から絵本が好きな赤ちゃんもいれば、他のものが気になり、読み聞かせ中、じっとしていられない赤ちゃんもいます。ただ後者の赤ちゃんも自分の興味ある内容であれば、絵本をちらっとでも見る瞬間があるはず。ですから読み聞かせにこだわらず、いろいろな絵本に触れさせてあげましょう。食べることが好きな子なら食べ物、乗り物が好きなら乗り物の絵本を見せて「おいしそうね」「かっこいいね」と声かけ。図鑑などでもバスの絵があれば「どこに行くのかな?」と空想の世界に導いたり、「赤い車だね」と色を教えたりできます。親子の会話の糸口として、絵本を活用していきましょう。

52

忙しいときは動画を見せっぱなし。やはりよくない?（1歳4か月）

動画は与え方次第。発達を促すものを選びましょう

テレビや動画は与え方次第、と私は考えています。動画サイトの普及でたくさんの動画が選べる現在、子どもに何を見せるかには親の考え方、生き方が反映されます。どのような大人になってほしいかを考え、そのために役立つ動画を見せるのと、子どもがおとなしくなればいいとばかりに何でも見せるのとでは、結果が違ってくるのは当たり前ではないでしょうか。ですから見せるなら、1～2歳は体を動かすあそびや、発声や言葉の発達を促す童謡などを選びたいもの。時には動画を見つつ子どもと一緒に踊ったり歌ったり、それらのあそびを動画なしで親子のふれあいあそびとして取り入れてみては?

53

ワンオペ育児で長時間、二人きり。言葉などの発達に影響しますか？（3か月）

言葉を学習する機会が減るのは確かです

パパの不在時間が長いワンオペ育児の家庭では、日常で赤ちゃんに話しかけるのは、ママ一人。家庭で交わされる会話量も少なめで赤ちゃんが言葉を学習する機会が減ってしまうのは確かです。ですから、ママは意識して赤ちゃんに言葉のシャワーを浴びせかけたいもの。次のポイントを心がけて、赤ちゃんに積極的に言葉かけしていきましょう。

言葉の発達を促すテクニック

1 赤ちゃんに顔を近づけて話す

言葉の発達を促すためには、声を聞かせるだけでなく、口元の動きを見せることが大切。赤ちゃんに顔を近づけ、口を大きく動かしながら、ゆっくりとささやくように「おはよう」「今日はいい天気だね」などと話しかけましょう。

2 赤ちゃんに触れる

赤ちゃんの背中をやさしくトントンしたり、手足をマッサージしたり。心地よいスキンシップで、赤ちゃんの発声や笑い声を引き出しましょう。

3 赤ちゃんが声を出したら、返事する

赤ちゃんが「アーウー」という喃語《なん》を出すようになったら、「なあに」「ごきげんだね」などと返します。このやりとりを意識してくり返しましょう。

4 童謡を歌う

童謡はゆっくりしたテンポで、母音やくり返しの言葉が多いため、赤ちゃんの脳に届きやすく、まねしやすいのが特徴。抱っこしながら、たくさん歌ってあげましょう。

Q54 あやしても笑ってくれません（4か月）

A 笑う時期にも個人差があります

インターネットの情報や育児本に「3～4か月頃に笑うようになる」とあるため、不安になるママやパパは多いようです。

しかし、発達の個人差や個性があるため、この月齢になれば必ず笑うとはいいきれません。

ママやパパがネガティブな気持ちになれば、それが伝わり、赤ちゃんも不安になります。

ですから、目の前の赤ちゃんだけを見つめてその成長を笑顔で見守り、親子で楽しみながら次の方法を試してみましょう。

赤ちゃんの笑顔を引き出す2つのテクニック

1 スキンシップや親子あそびを行う

歌に合わせて手足やおなかなどをマッサージしたり、抱っこして上下にやさしく揺らしたりすると、その心地よさで赤ちゃんは笑顔に。子育て広場で親子あそびを一緒に実践したところ、それまで笑ったことがなかった赤ちゃんが、はじめてキャッキャッと声を出して笑ったこともありました。

2 擬音語や擬態語を連呼する

赤ちゃんは「ワンワン」など音や声を表す擬音語や、「ビヨンビヨン」など物事の状態を表す擬態語の連呼が大好き。ある赤ちゃんは私が発したこれらの言葉がツボにはまり、ご両親が驚くほどゲラゲラ笑っていました。これまで赤ちゃんに大ウケしたものを紹介します。

- ひもを揺らしたり、引っ張り合ったりしながら「ビロビロビー、ビロビロブー」
- くすぐりながら「ドドドドドドドー」「ダダダダダダー」
- Q9（P28）で紹介したあそびを行いながら「ビュンビュンビューン」
- 「いないいないばあ」の声かけをアレンジして「ベロベロブー」「ベロベロピー」

55

「アー」「バー」といった声をほとんど出しません（4か月）

赤ちゃんが学習できるようにゆっくり声かけを

早ければ2か月頃から「アーウー」という母音、4か月頃から「バーブー」など唇を使った子音の発声が始まる、といわれていますが、そこには当然、個人差があります。ですから不安にならなくても大丈夫。赤ちゃんはママやパパの口元の動きや声色を見て聞いて学習していきますから、口の動きと発音がはっきりわかるように意識して、ゆっくり話すといいでしょう。また、赤ちゃんが声を出したときは、「かわいい声だね」「よくできたね」と大きなリアクションでほめてあげましょう。赤ちゃんはママやパパが喜んでくれると嬉しいので、もっと声を出そうとすることでしょう。

56

指差しやバイバイなどの物まねをしません（1歳）

まずは手あそび歌を親子で一緒に楽しみましょう

1歳で指差しや物まねをしなくても、あまり心配する必要はありません。この頃の赤ちゃんは、手あそび歌や体を使ったあそびが大好きですから、指差しやまねっこにこだわらず、楽しみながら一緒にあそぶといいでしょう。赤ちゃんは最初、ママやパパの動きをじっと見ているだけかもしれませんが、やがてできることからまねて、自分なりに手や体を動かしていきます。指差しやバイバイも、まずは日常の場面でママやパパがくり返し行い、次にさりげなく赤ちゃんの手をとってやらせてみましょう。その後に「バイバイできたね」と笑顔でほめることも忘れずに。

57

「ワンワン」「マンマ」などの言葉がまだなく心配です（1歳3か月）

聞こえと言葉の意味の理解に問題がなければ大丈夫

言葉の発達は個人差が大きいため、1歳3か月ならまだまだ様子を見ていい時期。気になるようなら、次の二つを確かめてみましょう。

●いろいろな物音に反応しているか

耳が聞こえていなければ、言葉の発達は難しいので、音や声に反応するかを確認。

●言葉の意味を理解できているか

「○○ちょうだい」などと話しかけて、それを持ってきてくれるなら言葉を理解できています。この二つに問題がないなら、安心して大丈夫。

言葉の発達を促す3つのテクニック

1 名詞と動詞をはっきり話す

赤ちゃんが言葉を聞き取り、その意味を理解できるように、笑顔でゆっくり話しかけます。特に「ワンワン来た」「ジュース飲む？」など、名詞と動詞をはっきり伝えることを意識しましょう。

2 赤ちゃんが求めていることを代弁する

赤ちゃんが求めていることがわかる場合、無言で応じるのではなく、「マンマ」「抱っこ」「でんしゃ」など、そこで言うべき言葉をママやパパが代わりに口にします。何度もくり返すうちに、赤ちゃんがその言葉の一部でもまねたら、大いにほめて要求をかなえてあげましょう。

3 童謡を歌う

昔ながらの童謡はテンポがゆるやかなので、リラックスして発声を促すことができます。まずママやパパが笑顔で歌ってあげることからスタート。楽しい雰囲気の中で赤ちゃんの発声を促してみましょう。

ひとことアドバイス

2歳になっても言葉が出ないときは、発達外来などを受診するといいでしょう。

Q 58 自分の髪をむしる。手にも髪がからみついています（4か月）

A 頭皮や耳を清潔に保ってあげましょう

髪をつかんで抜く行為は、赤ちゃんによく見られます。主な原因と対策を以下に紹介します。

①蒸し暑い日や眠くなり体温が上がると、頭皮が蒸れてかゆみが出ます。低刺激のシャンプーで頭皮の清潔を保ち、涼しい場所に寝かせることが対策になります。

②髪が耳にかかって、むずがゆいことが原因のケースも。この場合、耳まわりの髪を切ってあげましょう。

③耳の周囲がかゆい場合も、髪をむしることが。耳裏、耳のひだなどを丁寧に洗ってあげましょう。

④髪むしりがくせになってしまう赤ちゃんもいます。この場合は、気持ちをおもちゃや手あそび歌など別のものに向けてあげるといいでしょう。

Q 59 「指しゃぶりはよくない」と聞いた。やめさせるべき？（5か月）

A 発達の重要な一過程。やめさせてはいけません

乳児期の指しゃぶりは脳の働きを活性化させて、運動発達を促すとても大切な行為。ですから、やめさせることはできませんし、やめさせてもいけません。7〜8か月頃になると、指しゃぶりは「何かを持って口に入れて噛む」行動へとステップアップします。このとき、いろいろなおもちゃを噛ませることで、赤ちゃんの発達はますます促されます。このように指しゃぶりは発達の重要な一過程ですから、見守るのが正解。ちなみに、指しゃぶりをやめさせたほうがいいのは歩き出してからですが、活発に体を動かすあそびをたくさん行えば、自然におさまります。Q29（P45）も参考にしてください。

60

抱っこすると親の肩を噛んできます（6か月）

噛む行為は大切な発達の一過程。噛むものを与えましょう

0歳代に見られる噛む行為は大切な発達の一過程。噛むことには赤ちゃんのあらゆる発達を促す効果がありますから、普段からいろいろなおもちゃを噛ませてあげることが対策に。特に、赤ちゃんはベルトなど噛むようなキュッキュッと歯応えがあるものを好むので、そういうものを意識して与えるとよいでしょう。他には、眠気や空腹で生じるイライラを発散するために噛むことがあります。この場合、体を使ったあそびをすることでイライラを発散でき、予防にも役立ちます。また噛まれたときに「痛～い」と大げさに反応しないようにしましょう。その反応が面白くて、噛むことをくり返すケースがあります。

61

甲高い奇声を出す。止める方法がわかりません（10か月）

適切な声の出し方を教えていきましょう

この時期の赤ちゃんは、感情を言葉で伝えられないので、奇声で喜怒哀楽を表現することが。奇声を出すと注目を得られるため、コミュニケーションあそびとして定着するケースもあります。電車など公共の場所ではおもちゃを与えておき、奇声を出したら「しー」とささやき声で静かにすることを伝えましょう。その声のトーンで赤ちゃんは適切な声の大きさを学習します。家で奇声をあげ始めたら、ママやパパは負けじと歌を歌ったり、「ベロベロ」「パッ」「リップロール」※など舌と唇の動きを見せたりすることをおすすめ。赤ちゃんは口元の動きをじっと見つめて奇声が止まり、発声を学ぶ機会にもなります。

※リップロール…唇をプルプル震わせること

次男もも
11か月
ごん
ごん
寝室に連れて行くと
なぜか壁に頭を
打ち付けるようになりました
なんだろ…
何かのストレス？
アピール…？
やめようね～
まさか霊的な…!?
妖怪
アタマ
ウチツケ
せんせーーーッ
パラララララララ
はいどうしました
除霊
できますか!?
じょ…
は？
悪霊退

62

自分で頭を壁にぶつけています。放っておいてもいい？（11か月）

刺激や視界の変化を楽しむ行動で、あそびの一つです

これは8か月頃から見られる行動で、他にも首をやたらと左右に振ったり、床に頭を打ちつけたりする赤ちゃんがいます。そうする原因は、眠気や空腹、頭の蒸れ、耳のかゆみなど、赤ちゃんによって様々ですが、多くの赤ちゃんは、頭や首を動かすことによる周囲の見え方の変化や、揺れによる刺激を楽しんでいます。一見、奇妙な行動ですが赤ちゃんにとってはあそびの一つ。同じ刺激が得られるあそびを試してみましょう。

頭をぶつける行動や首振りを減らしたい場合

平衡感覚を司る三半規管を刺激するあそびや、体全体を使うあそびをたくさん行うと、頭をぶつけるなどの行為が減ります。公園で赤ちゃんを抱っこしながらブランコしたり、上に乗って揺れを楽しむスプリング遊具にチャレンジしたりするのもおすすめ。

ひとことアドバイス

首を振りすぎて転ぶ赤ちゃんも。事故につながらないように、床にマットを敷くなどの安全対策も行いましょう。

63

手あたり次第に物を投げる。危ないのでやめさせたいのですが…
（8か月）

心身の発達を促す行為。問題のない形でやれるように工夫を

物を投げる行為は全身の筋肉を使うので、赤ちゃんにとって筋トレになります。物が落ちる様子が面白くて、投げることをくり返す赤ちゃんもいますが、これも知的好奇心の表れですから、問題のない形で行えるように工夫するといいでしょう。例えば、軽いものだと遠くに投げ飛ばせるため、人や物に当たる可能性があります。そこで遠くに投げられない重めのおもちゃを赤ちゃんに渡して、思い切り投げさせてあげるといいでしょう。コイや鴨など動物にエサやりができる場所に行き、エサを投げさせてあげるのもおすすめ。「投げたい」という心身の欲求を満たせば、やみくもに投げる行為は減少します。

64

思い通りにならないとひっくり返ってギャン泣きします
（1歳11か月）

叱るのは逆効果。おだやかに子どもを教え導くことを心がけてみましょう

イヤイヤ期といわれる時期によく見られる行動。本人はそのときの自分の感情を表現しているだけなので、それを叱られたり否定されたりすると逆ギレして、泣き叫んだりひっくり返って暴れたりします。このとき、子どもはパニック状態ですから「静かにしなさい」などと叱りつけるのは逆効果。まず気持ちを落ち着かせることが肝心なので、スーパーなど、まわりに人がいるときは誰もいない場所に連れていって泣きたいだけ泣かせるのもよいでしょう。ギュッと抱きしめて、耳元でささやくように「静かに」「落ち着いて」とくり返し、どんなに泣いても自分の思いどおりにならないことを言い聞かせます。子どもは徐々に落ち着きを取り戻し、泣きやむはずです。

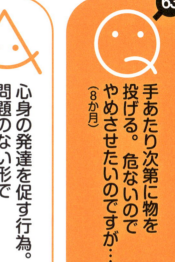

Q65 パパが抱っこすると泣きます。それでも抱っこを続けるべき？

（1か月）

A 赤ちゃんが好きな縦抱きで、積極的に抱っこしましょう

赤ちゃんを「パパっ子」にすることで、ママも楽になります。ですから多少泣いても、積極的に抱っこしてもらいましょう。赤ちゃんは基本的に縦抱きが好きなので、赤ちゃんが泣く場合はQ8（P27）を参考に、縦抱きすることをおすすめします。それで上下にやさしくリズミカルに揺らすと、赤ちゃんの三半規管が心地よく刺激され、やがて泣きやむはずです。

Q66 後追いがひどくてトイレにもゆっくり行けません

（8か月）

A 「そばにいるので安心」と気持ちを切り替えてみては

実は赤ちゃんは静かにしているときのほうが危険。とんでもないいたずらをしていたり、最悪の場合、事故にあっていたりします。ですから、ママの目が行き届かないトイレ中に、ドアの前で泣き叫んでいるならむしろ安心。声かけしながらトイレをすませ「お待たせ。いい子にしていたね」と抱っこしてあげましょう。後追いはほとんどの場合、1歳代に落ち着きます。

Q67 後追いをまったくしません。私の関わり方に問題がある？

（11か月）

A 後追いしない赤ちゃんも。ママやパパのせいではありません

赤ちゃんはそれぞれ気質や個性があり、後追いをしない子もいます。ママやパパの関わり方のせいではありません。ただ、後追いがあり親から離れない子の場合、危険をすぐにキャッチすることができます。その点、親から離れても平気な子は、興味のおもむくままにどこかに行き、思わぬケガや事故につながることも。そういう場合は、しっかりと赤ちゃんを見守りましょう。

68

パパが大声で叱る。赤ちゃんの性格に影響する？

（1歳3か月）

何らかの影響はあるはず。ママはおだやかに愛情深く子育てを

人は誰しも育った環境や出会った人に影響を受けて、人格を形成していきます。ですからパパの気質や個性はもちろん赤ちゃんに影響を与えますが、怒りっぽい親を反面教師にして生きていく人もいますから、必ずしも悪影響になるとはいいきれないところがあります。一方、ママの在り方も赤ちゃんに影響を与えます。当たり前のようでいて重要なのが、ママが赤ちゃんに愛情を注ぎ、日々おだやかに接すること。また、パパ自身が自らの怒りに翻弄されているようであれば、怒りをうまくコントロールする手法である「アンガーマネジメント」について調べることをすすめてもいいかもしれません。

69

人見知りが直らない。ずっとこのまま？

（2歳）

警戒心の強さは長所にもなります。温かい目で見守って

人見知りの子は、「警戒心が強い」「慎重」「自分を守ろうとする自己防衛感情が強い」といった特徴があります。ママやパパは心配になるかもしれませんが、短所と長所は紙一重。子どもによっては自分の関心の向くままに行動し迷子になることがありますが、このタイプの子にその心配はありません。今後の人生においても、警戒心の強さが功を奏して危険を避けることができるはず。ですからその子ならではの気質として、温かい目で見守りましょう。また新しい人や場所への警戒心が強くとも、経験を積むことでその警戒心は徐々にゆるんでいくはず。様子を見ながら、様々な経験をさせてあげましょう。

70

同年代の赤ちゃんが周囲にいません。遠出してでも会わせたほうがいい？（10か月）

一緒にあそぶのは難しい月齢。無理して遠出しなくても大丈夫

10か月頃の赤ちゃんは、赤ちゃん同士で一緒にあそぶことができません。ですから無理して遠出する必要はありません。この時期の赤ちゃんの心の発達のために最も大切なのは、ママやパパが心身ともに健康で、笑顔で赤ちゃんと接すること。また、祖父母やご近所さん、電車の中で隣に座った人などから笑顔で声をかけてもらったりあやしてもらったり。それに対してママやパパが笑顔で言葉を返すそのやり取りで、赤ちゃんの社会性も育まれます。ですから、お出かけするならママやパパが笑顔で交流でき、気分転換になる場所を選びましょう。

71

子育て広場に行っても怖がって他の子とあそびません。（1歳7か月）

その場所に慣れるまでママやパパが一緒にあそびましょう

同年代の子どもと一緒にあそべるようになるのは、個人差がありますが、だいたい3歳頃。ですからそれまでは他の子とあそばない、と心配する必要はありません。ただ怖がっている様子が見られるなら、警戒心が強く慎重な気質の子と考えられます。その場合、他の子とあそぶことを強要しないことが大切。子育て広場や公園は大人でいう新しい職場のようなもの。子どもによっては多大なストレスを感じますから、慣れるまで同じ子育て広場や公園に出かけ、ママやパパが一緒にあそんであげましょう。たとえママやパパのそばを離れなくても、他の大人や子どもの様子を観察することが、その子にとってよい刺激になります。

子育て広場
楽しそうなおもちゃがいっぱいあるね〜！
はる(2)
あ
お友達が先だったからあとで借りようね
先に別のとこであそぼう
がぶっ
ちょっと!!はる！
すみません
すみません…！
なんですぐ噛んだりたたいたりしちゃうんだろう
どうやってやめさせられるんだろう…

72

公園や広場でお友達をたたいたり噛みついたりします（2歳）

手を出す前に止めて適切な行動を教えましょう

1～2歳の子はまだ自分の気持ちをうまく言葉にできません。人との関わり方もわからないため、「(その子が持っている)おもちゃであそびたい」といった気持ちを表現する手立てとして手が出るだけ。子どもに悪気は一切ありません。ですから、手を出してから「ダメ！」と叱るのではなく、その前に止めて、自分の気持ちをちゃんと伝えることの大切さを教えていきましょう。

私は「誰にでもやさしい子」よりも、嫌なことは「嫌だ」とはっきり言える「自分の心を大切にできる子」にする子育てが理想的と考えています。自分の心身を守る術は大切です。自分を大切にできてこそ、相手とのほどよい距離感を保てる子になる、と思うのです。

お友達に手を出す子への対処法

お友達をたたく場合

たたこうとしている、と直感的に感じたら、すばやくその手をキャッチして、「たたいちゃダメなの」と小さい低い声で耳元で伝え、お友達への声かけを代わりにしてあげましょう。

お友達を噛む場合

噛もうとしている、と直感的に感じたら、子どもを背後から包み込むようにハグ。その状態であいさつしたり、一緒にあそぼうと誘ったりすることを教えます。

ひとこと アドバイス

「おもちゃを貸してほしい」など手を出す理由がわかるときは、「貸して」と自分の気持ちを言葉で伝えることを根気強く教えましょう。相手に「嫌だ」と言われたら、「大切なものだからダメだって」と子どもに伝えて、他の人との関わりを育ててあげましょう。自分も相手に対して、「大切だからダメ」と言ってよいことも学ぶ機会になります。

73

下の子におもちゃを取られると、上の子がたたいて取り返す。どう対応すべき？（上の子・2歳　下の子・11か月）

「けんかの仲裁は平等に」が鉄則

自分が気に入ってあそんでいるおもちゃを取られたら「取り返したい」と思うのは、自然な心理。その気持ちを言葉で表現できず、手が出るだけなので、言葉で伝えることをくり返し教えていきましょう。

また下の子への対応ですが、「まだ理解できない」からと何も言わないのはよくありません。11か月なら言葉は理解できなくても、相手の感情や心を感じ取ることはできます。ですから、下の子にも平等に言い聞かせましょう。

きょうだいげんかへの対応のポイント

上の子に

可能であれば、たたく前にその手を止めて「僕のだから返して」と言うことを教えます。たたいてしまったら、低めの声でおだやかに「たたくのはダメ」と簡潔に伝えてから、気持ちを言葉で表現することを教えましょう。Q72（P80）も参考にしてください。

下の子に

「お兄ちゃんに『貸して』って言おうね」と、下の子に声かけします。言葉の意味はわからなくても、残念というママやパパの気持ちは伝わります。その言葉を聞いて、上の子も勝手に人の物を取ってはいけない、と学習します。

NG

「お兄ちゃんなんだから」逆に「弟だから」とどちらか一方の子を我慢させると、「なんでいつも弟（兄）だけ」と妬みの感情を生み出し、弟に意地悪するなど新たなけんかの火種になります。食べ物は平等に分ける、おもちゃがけんかのもとになるなら個々に与えるなどして、自分の物を大切にする心を育みましょう。

ひとこと アドバイス

今後、親の目から見て、明らかに一方が悪いというけんかが起こることがあるでしょう。そのときもそれぞれの言い分をしっかり聞き、「ここが悪かった」「こうすればけんかにならなかった」と考えさせて、考える力やコミュニケーション力を伸ばしていきましょう。

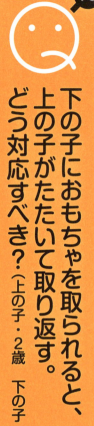

第3章 母乳&ミルク

飲ませ方、
飲ませる量…。
気になること
いっぱい！

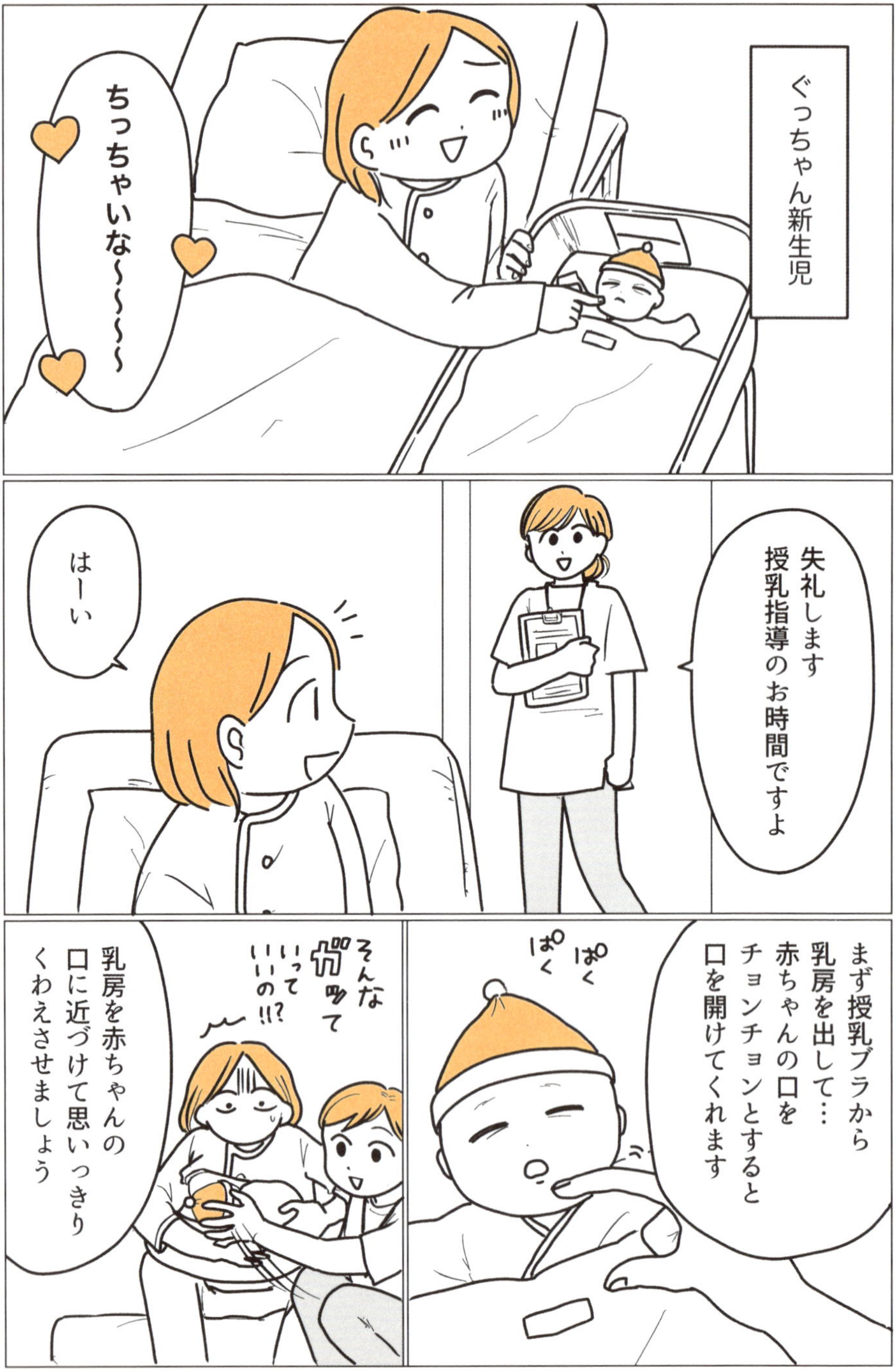
ぐっちゃん新生児
ちっちゃいな〜〜〜〜
失礼します
授乳指導のお時間ですよ
はーい
ぱく ぱく
まず授乳ブラから乳房を出して…
赤ちゃんの口をチョンチョンとすると
口を開けてくれます
そんなガッていっていいの!!?
乳房を赤ちゃんの口に近づけて思いっきりくわえさせましょう

あげていくうちに赤ちゃんもお母さんも飲み方・飲ませ方がわかってくるからね
大丈夫大丈夫！
産院の助産師さんはああ言ってたけど…
帰宅後
小さすぎてめちゃめちゃ飲ませづらい〜
正解がわからないー
ネットで調べた
つよつよ
大丈夫？ミルク缶とか踏み台にしてみる？
ギタリスト爆誕
路上ライブ？
つよつよ
骨盤がゆがむのでNGです！
なかなか病院で習ったみたいにあげられないな…
添い乳の高さ調節もかなり難しいし
そのせいかぐっちゃんも上手くくわえられなくて乳首に傷ばっかできる！
これが一番ツライ!!!
せんせーーーーーーっ

74

授乳中、ふにゃふにゃの赤ちゃんを抱っこし続けるのがつらい（0か月）

クッションなどを活用して正しい姿勢を保ちましょう

首も腰もすわっていない赤ちゃんを支えながらおっぱいを吸わせるのは、新米ママにとって至難の業。緊張から体に力が入り、姿勢も前かがみになりがちですが、そうなると肩や首、腰がこり、赤ちゃんもおっぱいを吸いにくくなってしまいます。そこでおすすめしたいのが、クッションやタオルの活用。それらで背中や腕を支えることで、無駄な力みがとれてよい姿勢をキープしやすくなります。

正しい姿勢で授乳するための工夫

床に座る場合

赤ちゃんを横抱きして、壁などにしっかり背中をつけ、背すじをまっすぐに保ちながら座ります。腕の下にクッションや丸めたタオルを置き、肩や手の負担を軽減しましょう。

輪にしたゴムひもを首にかけ、上衣の内側を通して、反対側の端を首にかけると、上衣をたくし上げることができて授乳時に便利。詳しいやり方は動画をチェック。

＼動画あり！／

QRコードをスキャンすると、紹介したテクニックのやり方を動画で見ることができます。ぜひ活用してください。

ひじの内側に赤ちゃんの頭をのせて、向かい合わせで体を密着させるように抱っこすると、赤ちゃんがおっぱいをくわえやすくなり、ママも疲れにくくなります。

乳首がまっすぐに赤ちゃんの口に入るように、クッションや丸めたタオルの高さを調整します。

椅子に座る場合

赤ちゃんを横抱きして、椅子に座ります。腕の下や背中にクッションや丸めたタオルを置き、肩や手、腰の負担を軽減しましょう。

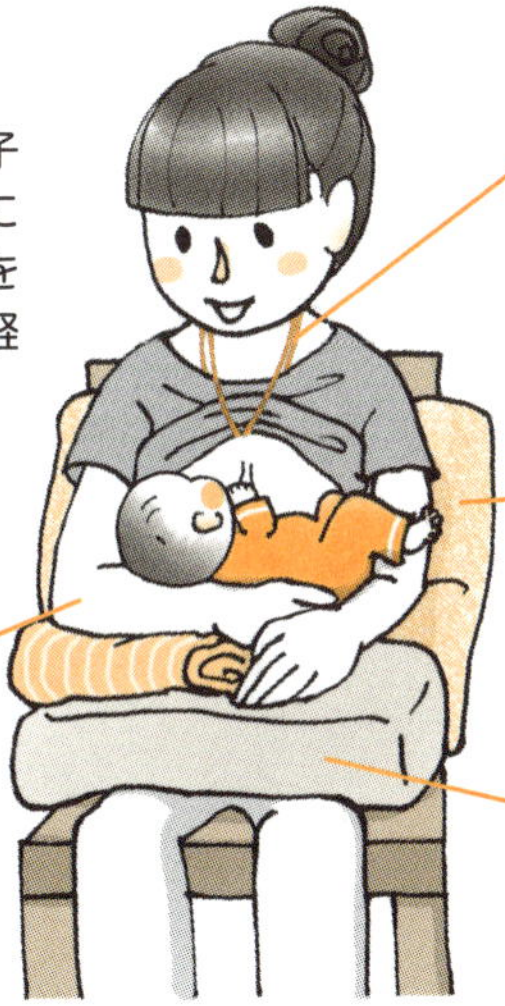

上衣をゴムひもで留めれば（右ページ参照）赤ちゃんの顔にかからないので衣服の刺激がなく、赤ちゃんも嫌がらずお乳を飲みます。ママも姿勢をくずすことなく、その様子を見られます。

背すじをまっすぐに保つために、必要であれば背中と背もたれの間にクッションを入れます。

ひじの内側に赤ちゃんの頭を乗せて、向かい合わせで体を密着させるように抱っこすると、赤ちゃんがおっぱいをくわえやすくなり、ママも疲れにくくなります。

乳首がまっすぐに赤ちゃんの口に入るように、クッションや丸めたタオルの高さを調整します。

ほ乳びんで授乳する場合

赤ちゃんを横抱きして、椅子に座ります。片足だけあぐらを組んで赤ちゃんの体を支え、片手で赤ちゃんの頭を、もう一方の手でほ乳びんを持って授乳します。体のゆがみをふせぐため、授乳ごとに手足の左右を入れ替えましょう。

手のひら全体で赤ちゃんの頭を支えます。

赤ちゃんの胸の上に手を置き、鉛筆を持つようにほ乳びんを持ちます。

あぐらではなく、クッションや丸めたタオルで腕を支えてもOK。

ひとこと
アドバイス

足が浮いた状態だと不自然な力が入り、疲れやすくなります。足が床につかない場合は、クッションなどを足の下に置きましょう。

75

赤ちゃんが乳首をうまくくわえられません（0か月）

乳首のケアや授乳姿勢の見直しをしましょう

赤ちゃんが乳首をうまくくわえられないのには様々な理由が考えられます。主な原因と対策を紹介するので思い当たるものを試してみてください。

乳首をうまくくわえられない4つの原因とその対策

1 乳首とその周辺が硬い

おっぱいが張って硬いと、赤ちゃんが乳首をくわえにくくなります。弾力性を取り戻すために、オリーブオイルや馬油をつけて、乳首とその周辺をマッサージするといいでしょう。授乳前には、Q101（P113）を参考に少量の母乳を搾り出すと、乳首周辺がやわらかくなります。

2 授乳姿勢が悪い

上向きだったり下向きだったり、乳首の方向は人それぞれ。授乳するときは乳首がまっすぐ赤ちゃんの口に入るように、授乳姿勢を調整しましょう。

赤ちゃんの後頭部から首を支えて、あごを上向きにします。
乳首がまっすぐ上あごの内側に向くようにくわえさせます。

3 乳首がくわえにくい形をしている

乳首の先にある乳頭が、短かったり小さかったり引っ込んでいたりすると、赤ちゃんがおっぱいを吸いにくくなります。対策としておすすめなのは、ふだん使っているほ乳びんのゴム乳首を活用して、赤ちゃんに母乳を飲ませること。乳頭保護器を上手に活用できなかったママはこの方法でやってみてください。続けると、乳首が伸びて授乳しやすい形に変化していきます。

1. ゴム乳首を親指と人差し指で持ち乳首にかぶせます。このとき、ゴム乳首の吸い穴と乳首の先端を必ず合わせましょう。

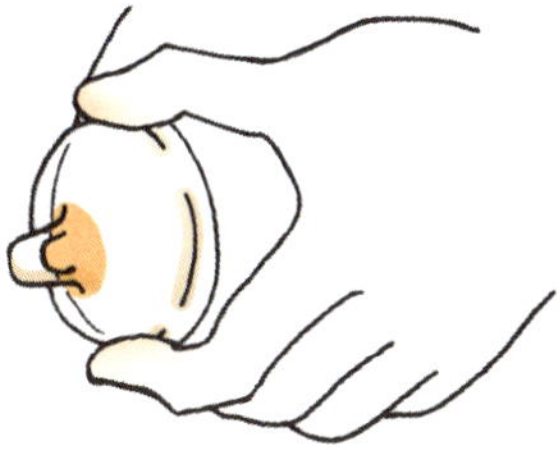

2. 先端が上あごの内側に向かうように、授乳姿勢を調整してから、ゴム乳首をそのまま赤ちゃんにくわえさせます。

3. 赤ちゃんが吸い始めると、乳首とゴム乳首がしっかり密着するので、ゴム乳首を支える指を外して、赤ちゃんに母乳を飲ませます。

4. 赤ちゃんが飲み終わったら、すき間からそっと空気を入れて、ゴム乳首を外します。ゴム乳首の中に母乳が残っていたら、赤ちゃんにゴム乳首だけをくわえさせて最後まで飲ませましょう。

4 赤ちゃんの吸う力が弱い

小さめの赤ちゃんなどに多いのですが、もともと吸う力が弱い赤ちゃんがいます。その場合、乳首の周辺をやわらかくすることがより重要に。乳首とその周辺をマッサージして、マシュマロのようにやわらかくするといいでしょう。なお、最初は飲む力が弱くても徐々に体力がつき、たくさん飲めるようになるので、心配はいりません。

76

おっぱいを吸われるとヒリヒリすることがあります
（0か月）

授乳後に乳首をしっかり保湿して空気にさらして

赤ちゃんの舌の摩擦で、乳首の表皮にすり傷が入ったような状態になると、授乳時にヒリヒリします。これを予防改善するために心がけたいのが保湿。授乳終了後、オリーブオイルか馬油を乳頭にたっぷりとつけて、しばらくそのまま空気にさらすと傷口が早く治ります。ちなみに、次の授乳時もオイルを拭き取る必要はなく、そのまま授乳してかまいません。

77

授乳は3時間おきが理想と教わったけど寝ているときは起こすべき？
（0か月）

乳腺炎の心配がないなら、夜は起こさなくてOK

母乳の出をよくするために目指したいのが、1日8回の授乳。これを実践するために3時間おきの授乳が推奨されていますが、「○○すべき」という考えに縛られ、ストレスがたまっては本末転倒です。ですから私は、夜間に関しては「乳腺炎の心配がないなら、起こして飲ませなくていい」とお伝えしています。ただし母乳を飲ませる回数が減ると母乳の分泌量に影響するので日中はしっかり授乳しましょう。

78

授乳後のげっぷが出ないとき出るまで頑張ったほうがいい？
（0か月）

5分以上出ないならそのまま寝かせましょう

背中をやさしくトントンしても、5分以上げっぷが出ないなら、そのまま寝かせましょう。ただ寝かせた後、げっぷとともに母乳やミルクを吐くことがあります。ですから、あお向けの場合、気管に吐いたものが入らないよう、顔だけは左右どちらかに向けておくと安心。ちなみにもし吐いても、赤ちゃんに飲みたがる様子がなければ、無理に追加して飲ませる必要はありません。

79 吸っては休むのくり返し。授乳のやめどきがわかりません（1か月）

授乳時間の目安である20分を目途に終えるといいでしょう

ママが心身ともに元気で、時間にゆとりもあるなら、赤ちゃんのペースに合わせて授乳するとよいと思います。ただ授乳時間が長くなり疲労やストレスを感じる場合は、一般的な授乳時間の目安である20分を目途に切り上げるといいでしょう。このとき、まず片方のおっぱいで10分授乳して、一度げっぷ。次に反対側を10分飲ませます。途中でウトウトし始めたらQ2（P20）で紹介した方法を試して、できるだけ満腹になるまで飲ませましょう。月齢が進むと吸う力が強くなり、集中して飲めるようになるので、やめどきもちゃんとわかるようになります。

80 集中して飲まなくなり授乳に時間がかかります（5か月）

刺激が入らない場所で授乳しましょう

これは赤ちゃんが成長した証拠。五感の発達により周囲に関心が向くようになった結果、音や光などが気になって集中できなくなるのです。ですから、なるべく刺激のない静かな場所で授乳することが解決策になります。赤ちゃんがお乳以外のものに関心を示すときは「どこを見てるの？お乳の時間ですよ」とか「飲まないなら終わりにしますよ」などと話しかけてママの声に意識を向かせたり、「こっちを向いて」と赤ちゃんの顔をお乳のほうに向けると、飲み始めます。

81

母乳があまり出ない。量を増やす方法はある？（0か月）

マッサージや運動で肩周辺の血行を促しましょう

母乳をつくる働きをするホルモンは、赤ちゃんに吸われる刺激で分泌が促されます。ですから母乳が出ない場合も、1日8回以上、飲ませることが大切。また、母乳は血液からつくられます。そこで、首や肩、肩甲骨周辺の筋肉をゆるめて、血行を促すマッサージや体操を行うといいでしょう。首や肩のこりもほぐれるので、一石二鳥です。

肩周辺の血行を促すマッサージ

マッサージするポイント

母乳分泌を促すツボと、肩こりをゆるめるポイントを●で示しました。これらを中心に肩の周囲をさすったり押したりすると、母乳の出がよくなります。家族にマッサージしてもらったり、ひざを立ててあお向けになり、テニスボールを首や肩の下に入れて体を動かして、自分で刺激したりするといいでしょう。

母乳分泌を促す体操

産後2日目からできる2つの体操を紹介します。産後は疲れと慣れない授乳や抱っこで体がガチガチですから、お世話のたびに行うことをおすすめします。

肩ほぐし

1. 椅子やベッドに、背すじを伸ばして座ります。
2. 息を吸いながら、肩を持ち上げます。
3. 息を吐きながら、肩の力を一気に抜いて脱力。このとき肩をできるだけ下げ、首を長く伸ばすのがポイント。3回を目安にくり返しましょう。

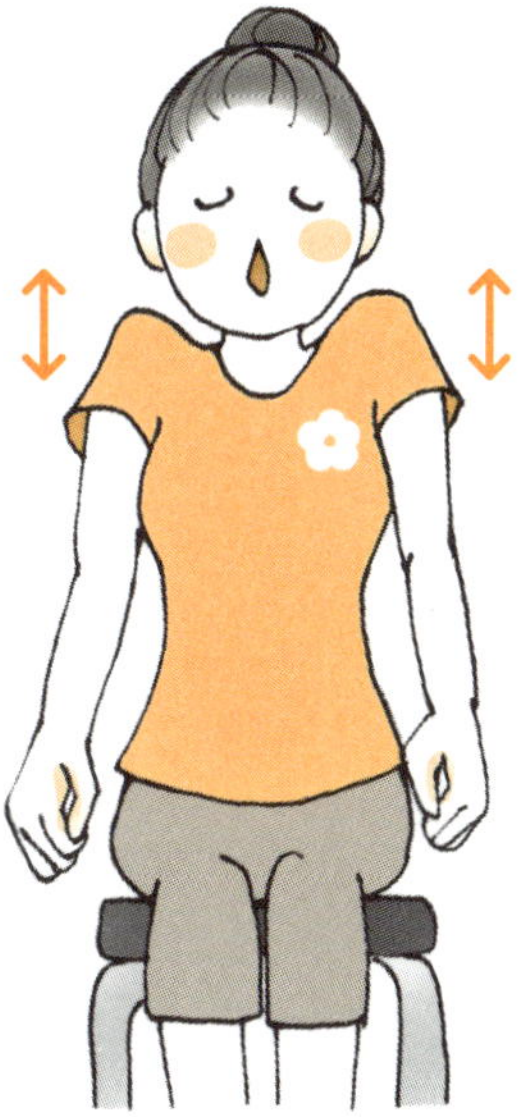

背中ほぐし

1. 椅子やベッドに、背すじを伸ばして座ります。
2. 息を吸いながら、腕を後ろに伸ばし、首から胸を反らします。
3. 息を吐きながら、脱力。腕を前方に戻し、背中を丸めます。このとき下腹と肛門に力を入れて引き締めると、おなかのシェイプアップや尿もれトラブルを予防改善する効果が得られます。3回を目安にくり返しましょう。

母乳の出をよくする食事については Q89 (P100) をチェック！

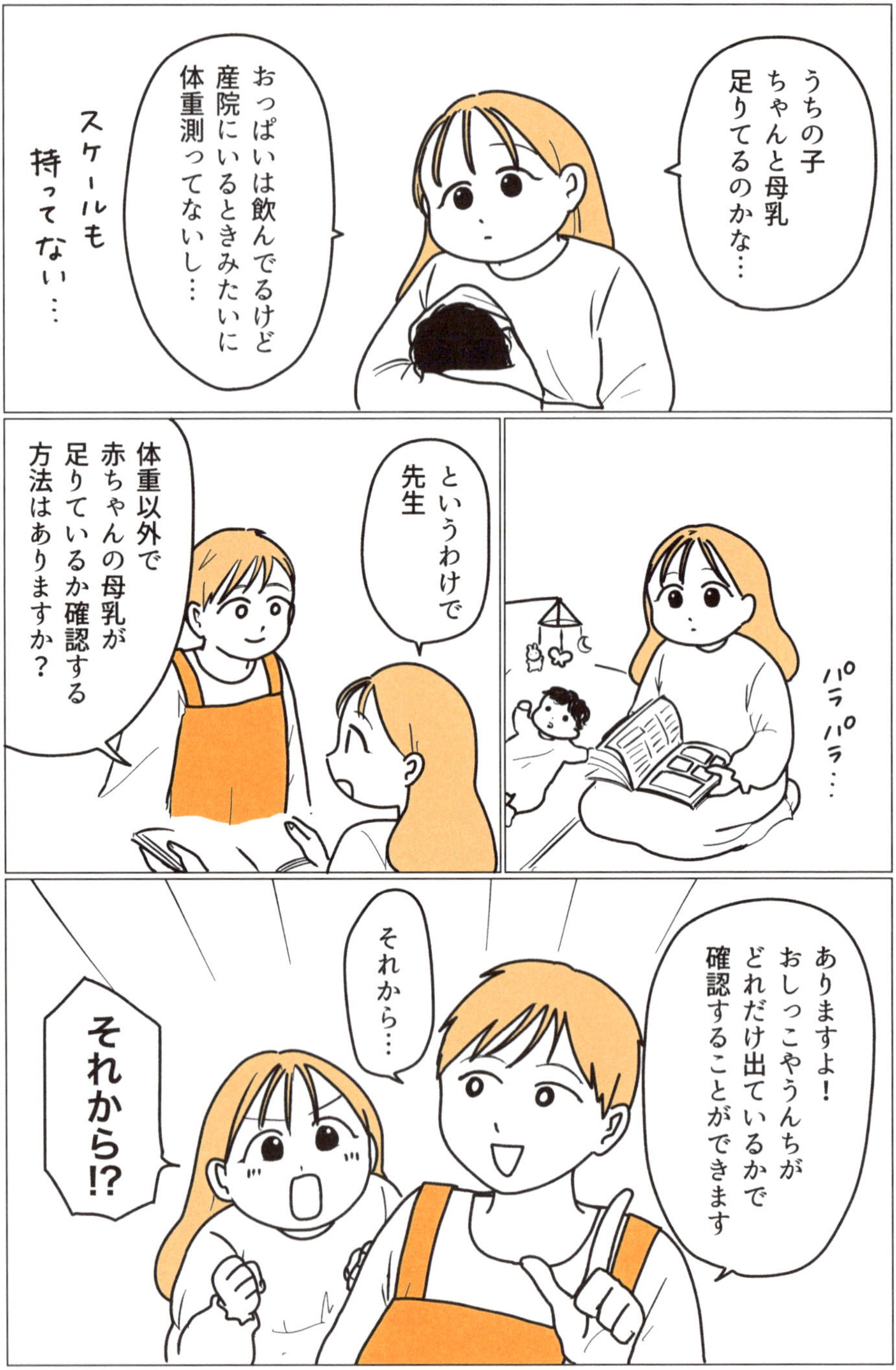
うちの子
ちゃんと母乳
足りてるのかな…
おっぱいは飲んでるけど
産院にいるときみたいに
体重測ってないし…
スケールも
持ってない…
パラ
パラ…
というわけで
先生
体重以外で
赤ちゃんの母乳が
足りているか確認する
方法はありますか?
ありますよ!
おしっこやうんちが
どれだけ出ているかで
確認することができます
それから…
それから!?

Q82 体重以外で母乳が足りているか判断する目安はある？（0か月）

排泄の状態や授乳回数などをチェックしましょう

母乳が足りているかどうかは、体重で判断するのが最も確実。とはいえ、ママの体調や家庭の状況により、こまめに体重が測れない場合もあるでしょう。その場合、次の四つをチェックします。

- **おしっこの状態**
- **うんちの回数**
- **1日の授乳回数**
- **赤ちゃんの様子**

これらをチェックした結果、母乳不足が疑われる場合は、ミルクを追加するといいでしょう。

体重以外で母乳が足りているか判断する目安

●おしっこの状態
- 回数→1日に5～6回以上
- 量→おむつを持ったとき、重い
- 色→薄い黄色

●うんちの回数
- 1日に3回以上

●授乳回数
- 1日に8～10回

●赤ちゃんの様子
- 授乳後、機嫌がよい
- 顔色がよく元気

これらを満たしていれば、母乳は足りていると考えられます。

ミルクの足し方についてはQ83（P96）をチェック！

Q 83 ミルクをどれくらい足せばいいのかわかりません（0か月）

A 0か月の場合、1回の授乳につき40～60㎖を足します

母乳不足が疑われる場合、おっぱいを飲ませた後にミルクを足して栄養を補います。赤ちゃんの胃の容量は、0か月で60～80㎖、1か月で100～120㎖程度とされています。また、母乳の分泌量は徐々に増えていきますから、授乳1回につき、0か月なら40～60㎖、1か月なら50～80㎖を目安に追加して、体重の増え方を確認しましょう。ただし、これはあくまで目安ですから、より適切な追加量を知りたければ、産院の電話相談や、自治体で実施している赤ちゃん訪問などを利用して、専門家に相談するといいでしょう。

Q 84 泣くとついおっぱいを飲ませてしまうけどあげすぎになる？（3か月）

A あそんでほしくて泣くことも。授乳時間以外は抱っこやあそびを試してみては

赤ちゃんが泣く理由はいろいろあり、3か月頃になると、おなかが空いたときだけでなく、かまってほしくて泣くようになります。授乳時間も定まってくる頃ですから、それ以外の時間に泣いたときは、抱っこしてあやしたり散歩したりしてみましょう。それで泣きやめば、あそんでほしかったということ。外出や運動を好まない子になると、将来、健康に悪影響が及ぶ可能性があります。泣くたびに授乳していると、母乳の与えすぎになりやすく、過剰な体重増加の原因になりますから、外あそびや体を使ったあそびの楽しさを伝える機会としていきましょう。

85

乳首が切れて出血しています。授乳を続けていい？
（0か月）

出血している期間、授乳はお休みに

乳首から出血しているときは、赤ちゃんが血を飲むことになるので授乳はお休みします。ただし、乳腺炎を予防するために搾乳は行い、搾った母乳は捨てましょう。搾乳後は傷の治りを早めるために、保湿ケアを。オリーブオイルか馬油を乳首にたっぷりつけて、その後しばらくブラジャーなどはつけずに、乳首を空気に触れさせるといいでしょう。これをくり返すことで、乳首の皮膚が丈夫になり、乳首がすり切れたりひび割れたりしにくくなっていきます。出血しなくなったら、授乳を再開するといいでしょう。

86

外出中や入浴中、母乳がもれ出すのに困っています
（3か月）

乳腺炎予防のために備わった仕組み。母乳パッドなどで対処を

乳首の奥がツーンとした後、母乳がもれ出すことを射乳反射といいます。これを不快と感じる人もいますが、実はこの反射には乳腺炎を予防する働きが。ママの体を守るために備わったすばらしい仕組みですから、よいこととして受け止めて対処していきましょう。外出時は市販の母乳パッドを装着するのが基本の対処法に。ハンカチなどをブラジャーのパッド部分に挟んだり、生理用のナプキンを半分に切って代用したりしてもよいでしょう。入浴中のもれ出しについては、その場で授乳したり「天然のミルク風呂」と楽しんだりしているママがいました。

87

おっぱいに硬い部分が。乳腺炎になりかけているのでしょうか？（0か月）

前兆症状の可能性があるので早めに対処しましょう

乳腺炎には大きく分けて、「うっ滞性乳腺炎」「化膿性乳腺炎」の2種類があります。

おっぱいに部分的に硬いところがあるのは、うっ滞性乳腺炎の前兆症状である可能性が。

早めの対処でよくなることが多いので次の方法を試してみましょう。

うっ滞性乳腺炎とは…

乳管の通りが悪い、授乳間隔が空いてしまった、赤ちゃんの吸う力が弱いなどの理由で、つくられた母乳が乳腺にたまり、炎症を起こした状態です。

なりかけているサイン

- 乳房の張りがとれない
- 乳房に部分的に硬いところがある
- 乳房を押すと痛い

初期症状

- 乳房に熱感がある
- 乳房の硬いところの皮膚が赤くなる
- 乳房に強い痛みがある
- 発熱する

前兆段階での対処法

頻繁におっぱいを吸わせる

授乳時は、乳輪が隠れるくらい深くくわえさせることも心がけましょう。

抱き方を変えて、いろいろな角度から吸ってもらう

吸う角度を変えることで、乳腺のつまりがとれやすくなります。

家族に協力してもらって休む

疲労やストレスも炎症を起こす一因に。睡眠をできるだけとり、赤ちゃんを家族に見てもらって散歩するなどストレス解消に努めましょう。

しこりがあるほうから先に吸わせる

赤ちゃんはおなかが空いていると、強い力で吸ってくれます。しっかり飲んでもらい、乳腺のつまりを改善しましょう。

肩こりを改善する

肩こりをやわらげるだけで、母乳の流れがよくなります。Q81（P92）を参考にマッサージや体操に取り組みましょう。

Column

化膿性乳腺炎は早めの受診を

細菌が入ることによって起こる乳腺炎で、膿やしこり、乳房の痛み、強い疲労感、頭痛、高熱、関節痛などの症状が出ます。場合によっては抗菌薬の投与が必要になるので、できるだけ早い段階で、産婦人科や母乳外来、助産院などを受診しましょう。

88

片側だけ乳腺炎になってしまいました。授乳はどうしたらいい？（2か月）

たまった母乳を出すことが重要なので積極的に授乳を

乳腺炎を改善するために重要なのはたまった母乳をしっかり出しきること。赤ちゃんに飲んでもらうことが一番の治療法となるため、積極的に授乳しましょう。

それでもしこりがとれない場合、搾乳したり、おっぱいマッサージを受けたりするといいでしょう。

飲ませるときのポイントを次に紹介するので参考にしてください。

乳腺炎を改善する3つのポイント

1 乳腺炎になっているおっぱいを先に飲ませる

赤ちゃんはおなかが空いていると、強い力で吸ってくれます。ですから、乳腺炎になっているおっぱいから飲ませましょう。

2 しこりをやさしく押し流しながら授乳する

授乳しながらおっぱい全体を触ってチェック。しこりや飲み残し部分がある、と感じたら、乳頭に向けて、手でやさしく押し流します。強い力でもみほぐしたり搾ったりするのは、乳腺を傷つける恐れがあるので、絶対にやらないでください。

3 痛みが強いときは、搾乳する

強い痛みや膿がある場合は、乳腺炎を起こしていないおっぱいで授乳します。乳腺炎があるほうは、搾乳で対処。おっぱい全体を触ってしこりを感じたら、乳頭に向けて、やさしく押し流します。自分で搾乳するのが難しいと感じたら、産婦人科や母乳外来などを受診して、おっぱいマッサージを早目に受けることをおすすめ。

Column

片側だけ乳腺炎になりやすい場合の対処法

おっぱいの左右差や抱き方のくせで、片側だけ乳腺炎を起こしやすくなることがあります。乳腺炎になりやすいおっぱいで授乳するときは、抱き方を変えて、いろいろな角度から吸わせるようにするといいでしょう。乳腺炎を起こしやすいほうの授乳回数を増やしたり、少し長めに吸わせたりするのもいい方法です。

89

母乳の出がよくなる食べ物はありますか？（0か月）

栄養バランスのいい食事を三食とることが一番大切

特定の食べ物をとることで、母乳の出がよくなるという報告はありません。母乳の原料はママの血液ですから、ママの健康維持に欠かせない、たんぱく質、糖質、脂質、ビタミン、ミネラルをバランスよく含んだ食事を三食きちんととることが何より大切。赤ちゃんのお世話で、自分の食事を作る余裕がないときは、次のようなメニューを作り置きするとよいでしょう。

栄養バッチリ＆簡単　作り置きメニュー

具だくさんのお鍋

昆布だしや市販の鍋スープをベースに、肉、魚、豆腐、様々な野菜、キノコ類をたっぷり入れて煮込みます。残ったら食品保存容器で冷蔵保存。温めなおしてポン酢やゴマだれなどで味変すれば、飽きないです。

具だくさんの炊き込みご飯

市販の炊き込みご飯の素をベースに、鶏肉、カット済みゴボウやニンジン、キノコ類を加えると具だくさんの炊き込みご飯に。小分けにして耐熱ポリ袋に平らにして冷凍保存。電子レンジで加熱後、軽く握れば、栄養豊富で食べやすいおにぎりに。

Column

ママの食生活改善と母乳

ママの体には、何を食べても母乳の成分を一定にする機能が備わっているといわれていますが、ママの食事は母乳には関係がないかというと、そうとはいいきれません。ママの食事を炭水化物主体から野菜多めに切り替えることで、赤ちゃんの便秘が改善することはよくあります。乳製品などをひかえると乳腺炎が起こらなくなったママもいました。私の経験上、ママの食事によって母乳の質は変わる、と考えています。

90 お酒でストレスを発散するのが好き。少量なら平気？

（3か月）

授乳期間はノンアルコール飲料を選択

ママがお酒を飲むと、30〜60分後に血液中のアルコール濃度が最大になり、母乳にも移行します。赤ちゃんがアルコールを含んだ母乳を飲むことになり、発達への悪影響も指摘されていますから、授乳している間は禁酒を心がけたいもの。どうしても飲みたいときは、ノンアルコール飲料にするといいでしょう。アルコール度数が0％なら、妊娠中や授乳中に飲んでも赤ちゃんへの影響はありません。ただし銘柄によっては、微量のアルコールを含むものもあるので、アルコール度数はしっかり確認しましょう。

91 花粉症です。市販の鼻炎薬を飲んでもいい？

（5か月）

赤ちゃんに悪影響はないので飲んでも大丈夫

ママが飲んだ薬の一部は、母乳に移行します。ですから母乳を通して、赤ちゃんが薬を飲むことになりますが、その量は極めて少なく、赤ちゃんに影響を及ぼすことはほとんどない、といわれています。ですから市販の鼻炎薬を飲んでも大丈夫。ちなみに、花粉症対策の目薬や点鼻薬の使用も問題ありません。これらの薬はママの体に吸収される量が非常に少なく、授乳中の赤ちゃんへの影響も少ないとされています。我慢せずに薬を服用して、花粉症の季節を少しでも快適に乗りきりましょう。

92

添い寝で授乳したいけどやり方がわからない（4か月）

横向きに寝て、乳首と口の位置を合わせます

ママと赤ちゃんが横向きに寝た姿勢で、授乳することを「添い乳」といいます。寝ながら授乳するので疲れにくく、ママの体調が悪いときなども、体を休めることができるので、非常におすすめ。ただ乳首と赤ちゃんの口の高さを合わせるのがうまくできず、無理な姿勢で添い乳しているケースもあるようです。それでは首や肩、腕に負担がかかりますから、次で紹介する正しいやり方で実践しましょう。

添い乳のやり方

1 赤ちゃんとママが向かい合わせになるように、横向きに寝ます。このとき、赤ちゃんの様子がしっかり見える状態を保ちましょう。

2 下側のおっぱいの乳首を赤ちゃんにくわえさせて、授乳します。くわえさせ方には次の2つの方法があるので、やりやすいほうで行いましょう。

くわえさせ方　その1

赤ちゃんの体が少し上向きになるように調整して、乳輪部まで深くくわえさせます。

くわえさせ方　その2

上側の手でおっぱいを持ち、赤ちゃんの頭を少し後ろに反らせ、乳首を赤ちゃんの口に誘導。乳輪部まで深くくわえさせます。

3 逆方向を向いて横になり、反対側のおっぱいでも授乳します。

4 両方のおっぱいを飲み終えたら、赤ちゃんをげっぷさせて寝かせます。

添い乳をするときの注意点

無理な姿勢をとらない

ほおづえをついたり、ひじで支えたりして、上半身を起こしながら添い乳するのはNG。首や肩、腕などに負担がかかります。体に負担を感じるときは、クッションや枕で体を支えましょう。

寝落ちに気をつける

ママのおっぱいや体が赤ちゃんの顔に覆いかぶさると、赤ちゃんが窒息したり圧迫されたりする危険性があります。添い乳しながら寝落ちしないように、注意してください。

横向きのまま寝かせない

赤ちゃんを横向きで寝かせると、SIDS（乳幼児突然死症候群）のリスクが高まることが知られています。ですから、げっぷ後はあお向けで寝かせましょう。

93 「添い乳はよくない」と言われたのが気になっています（9か月）

問題点に対処すれば大丈夫です

添い乳に否定的な意見をもつ人もいますが、これは赤ちゃんが窒息したり圧迫されたりした事例があるから。これを防ぐために添い乳中、ママは寝落ちしないように気をつけ、添い乳後も赤ちゃんとは少し離れて寝ましょう。「添い乳が習慣づくと卒乳しにくくなる」という理由ですすめないという人もいますが1歳を過ぎて外あそびが活発になると、赤ちゃんは授乳の有無にかかわらず、自然に寝つくようになります。ですから周囲のアドバイスは気にせず、自らの気持ちに従い、添い乳するかしないかを決めるといいでしょう。

94 夜間授乳は虫歯の原因になるって本当？（10か月）

夜間授乳ではなく歯のケアを怠ることで虫歯になります

母乳が虫歯の原因になることは、基本的にありません。ですから夜間授乳そのものが虫歯を招くこともありませんが、食べ物のカスが歯のすき間や根元に残っている状態で母乳を飲むと、虫歯になりやすくなるのは本当。ですから虫歯を予防するためには、寝る前に歯のケアをすることが大切。ちなみに、10か月頃ならおもちゃをガシガシ噛むことで唾液分泌が促され、自然に歯をケアできます。しかし1歳を過ぎるとおもちゃを噛まなくなりますから、しっかり歯みがきしてから寝る習慣をつけましょう。

95

おっぱいを飲んで寝る習慣をやめたい。どうしたらいい？（11か月）

夜間断乳に取り組んでみましょう

もうすぐ1歳であれば、夜、寝ている間は授乳しない「夜間断乳」に取り組んでもいい時期。
次の条件をクリアしているなら、おっぱいを飲んで寝る習慣を変えるために夜間断乳を始めるといいでしょう。

- **完了期の離乳食をしっかり食べている**
- **母乳以外の水分をとれている**

ただ、夜間断乳を始めてしばらくは赤ちゃんがギャン泣きすることがあります。
それに負けない、という強い決心で臨みましょう。

夜間断乳を成功させる５つのポイント

1 生活リズムを整える

早めに家事をすませて、午前中は外あそびに連れ出します。スムーズな寝かしつけのためには、昼食後にお昼寝するのが理想の生活パターン。ですから、午前中と昼寝から目覚めた午後は体を使って思い切りあそばせましょう。

2 夕食と授乳で満腹にする

空腹で目覚めないように、夕食はしっかり食べさせ、寝る前の授乳もすませておきましょう。

3 添い乳以外の方法で寝かしつける

添い乳でそのまま寝かせている場合は、歌を歌いながらトントンする、絵本を読むなど代わりとなる寝かしつけ習慣を見つけて実行するとよいでしょう。

4 家族の協力を得る

ギャン泣きにママが耐え切れず、ついおっぱいをあげてしまうのは、よくある失敗パターン。可能ならパパなど家族に寝かしつけをお願いするといいでしょう。

5 強い気持ちをキープする

最も必要なのは、「どんなに泣いても、おっぱいをあげない」という強い決心かもしれません。ギャン泣きし続ける子も、いつかは必ずおっぱいなしで眠れるようになります。頑張って！

ひとことアドバイス

乳腺炎を起こした場合、夜間断乳は中止します。成長とともに卒乳する日は必ず訪れますから、失敗したと落ち込む必要はありません。

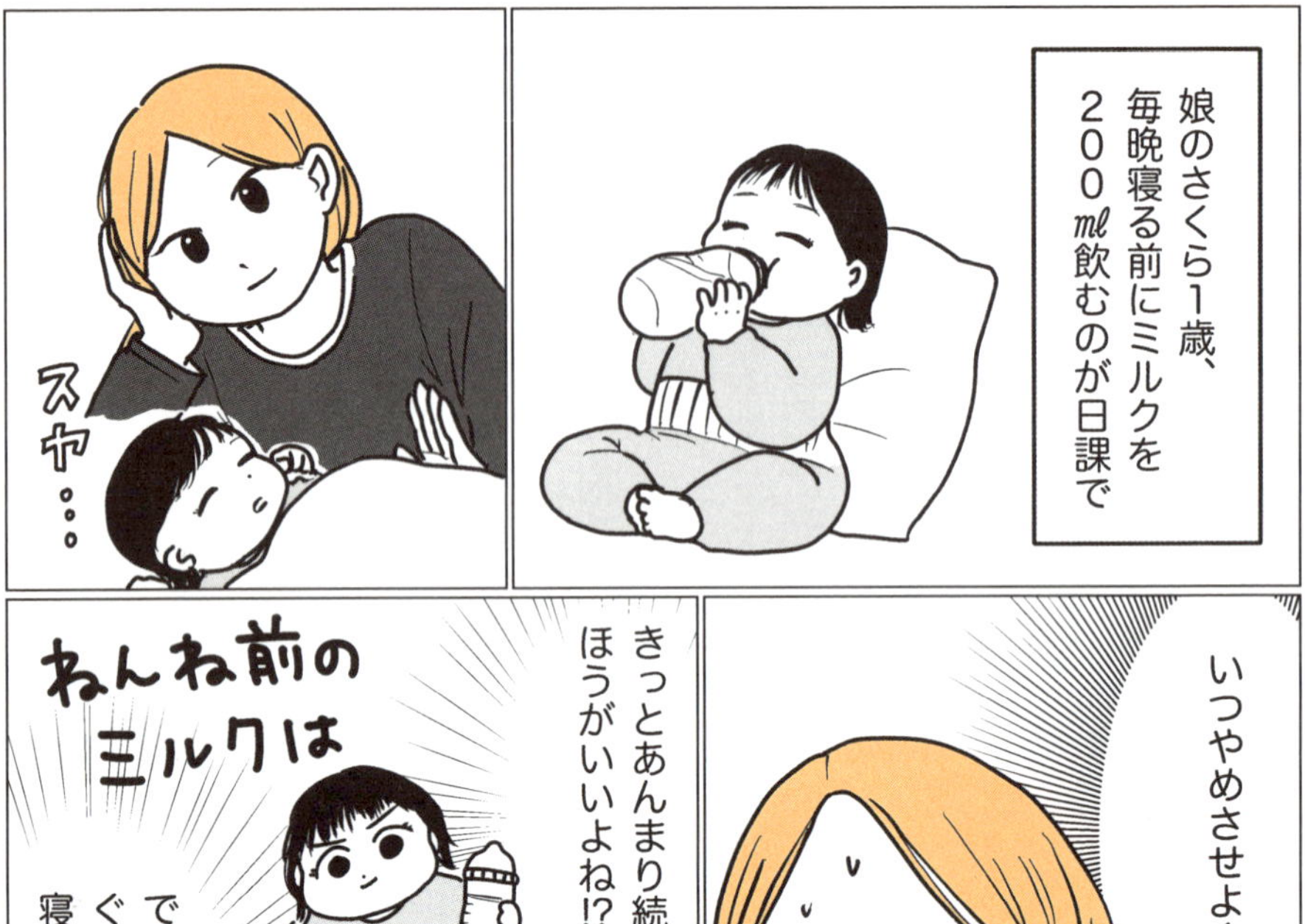
娘のさくら1歳、毎晩寝る前にミルクを200㎖飲むのが日課で
スヤ…
いつやめさせよ～～～
きっとあんまり続けないほうがいいよね!?
ねんね前のミルクは
おやすみルーティンのひとつでちゅ
でもこれ飲むとぐっすり寝てくれるんだよ～
センセェ～
パラパラ
起きてました?
夜分おそくにすみません…
寝る前のホットミルク飲んでたところよ

96

寝る前にミルクを飲ませるとよく眠ります。この習慣、今後も続けていい？（1歳）

虫歯ができやすいため別の寝かしつけ方法に

寝る前のミルクをほ乳びんであげているなら1歳～1歳6か月までにはその習慣をやめたほうがいいでしょう。なぜならほ乳びんで飲むと、上の前歯周辺に飲み物がたまり、虫歯ができやすくなるから。1歳を過ぎれば、牛乳など他の飲み物が飲めるようになりますから、ほ乳びんと同時に粉ミルクも卒業。寝かしつけのルーティンを別の方法に替えることをおすすめします。

1歳以降の寝かしつけルーティンの例

入浴後、座ってコップやベビーマグで飲み物を飲ませます。飲むものは、少し温めた牛乳やフォローアップミルクなど腹持ちのよいものにしましょう。その後、歯みがきしてから寝かしつけます。

おすすめの飲み物

牛乳やフォローアップミルクだけでなく、豆乳、ココナッツミルク、アーモンドミルクも飲ませることができます。アレルギーが心配な場合は、午前中にティースプーン1杯程度を飲ませて様子を観察。何事もなければ、少しずつ量を増やすとよいでしょう。

Column

ほ乳びんの卒業の仕方

ほ乳びんを卒業するために大切なのはお子さんの意識づけ。まず「大きくなったから、コップで飲もうね」と本人にほ乳びん卒業を意識させます。その後、ほ乳びんをビニール袋に入れて、「バイバイしようね」とごみ箱に捨てるところを見せましょう。最初は泣くかもしれませんが、「ほ乳びんはもうないのよ！捨てたでしょう」と執着をきっぱり断ち切ってあげたほうが、スムーズに卒業できます。ほ乳びんをとっておきたい場合は、子どもが寝た後、ごみ箱から取り出して隠しておきましょう。

97

ほ乳びんの消毒はいつまで続けるのでしょうか？（0か月）

抵抗力が弱いうちはしっかり消毒しましょう

消毒の目的は、細菌やウイルスによる感染を防ぐため。新生児のうちは抵抗力が弱いのでほ乳びんについている細菌などが原因で、食中毒になることがあります。

ですから、感染に対する抵抗力が弱い3か月頃まではしっかり消毒したほうがいいでしょう。

また、指やおもちゃをしゃぶり始めるのもやめどきの目安。

それ以降は、ほ乳びんをしっかり洗うだけで大丈夫ですが各家庭の衛生状態はそれぞれ違うので心配であれば熱湯をかけて消毒しましょう。

食中毒を防ぐ2つのポイント

① きれいに洗う

感染を防ぐために、消毒以上に大切なのはきれいに洗うこと。ミルク汚れが残ったまま、授乳して食中毒を起こした事例もあります。特に○で示した内側のくぼみ部分は汚れが残りやすいため、小型ブラシなどを使ってしっかりと洗いましょう。

② 急ぐときは熱湯消毒

手が滑ってほ乳びんや乳首を床に落としたり、消毒を忘れたりしたときは、流水できれいに洗った後、内側と外側にまんべんなく熱湯をかけると消毒できます。やけどを防ぐために、ほ乳びんはトングで、ほ乳びんの乳首は箸でつかむといいでしょう。

かりんちゃんは
おっぱいが大好き
哺乳びん 拒否
だけどミルクを
全然飲んでくれない！
イヤ
イヤ
これから先…
私が出かけたら？
体調を崩して入院したら？
おっぱいしか飲めない
かりんちゃんは何を
飲んで生きていくと
いうの!?
かりんちゃんには
ミルクにも
慣れてもらおう！
ということで
今日からパパは
沐浴後のミルク係です
僕？
大丈夫！私がおっぱい大好きっ子に
ほ乳びんで飲んでもらう方法を
お教えしますよ！
先生♡
娘のために
がんばります!!

98

ミルクを飲ませたいのですがほ乳びんを嫌がります（1か月）

飲ませるタイミングを変えてみては

ほ乳びんを嫌がる理由は、赤ちゃんによって様々。母乳大好きでミルクを嫌がる子もいれば、ほ乳びんの乳首の感触やミルクの味が気に入らない、という子もいます。
しかし、ほ乳びんで飲めないと、体重の増えが悪くてもミルクを足せない、赤ちゃんを長時間預けられない、といった困った事態が起こることも。ですから飲ませるタイミングを変えるなどいろいろ試してみましょう。

ほ乳びんが嫌いな赤ちゃんへの対策

1 飲ませるタイミングを変える

のどが渇くお風呂上がりやおなかが空いているときにミルクを飲ませてみましょう。飲みたいという気持ちが勝ると、母乳大好きの赤ちゃんでもほ乳びんから飲んでくれることがあります。乳腺炎予防のために、ミルクの量は50mℓ程度にとどめておきましょう。

2 ほ乳びんの乳首の材質や穴の形、ミルクの種類を替える

赤ちゃんによっては、ほ乳びんの乳首の感触や出る量、ミルクの味が気に入らない場合があります。シリコンゴム、イソプレンゴムなど乳首の材質はメーカーによって違い、違う材質なら飲んでくれることも。乳首の穴の形やミルクの種類を替えてみてもいいでしょう。

ひとこと
アドバイス

時間はかかりますが、スプーンやコップでミルクを飲ませることもできます。Q99（P111）を参考にしてください。

99

白湯や麦茶を飲んでくれません。無理に飲ませなくてもいい？（1か月）

母乳やミルクを飲めていれば大丈夫

母乳やミルクが飲めているなら、水分は足りているので大丈夫。ただ生後1か月を過ぎたら、スプーンやコップでの水分補給が可能です。ほ乳びんがないときや薬を飲ませるときに便利ですから、練習を始めてみるのもいいでしょう。

＼動画あり！／

QRコードをスキャンすると、紹介したテクニックのやり方を動画で見ることができます。ぜひ活用してください。

ほ乳びん以外で水分をとらせる方法

スプーンで飲ませる

赤ちゃんの上半身を少し起こした状態にします。水分が入った小さいスプーンを赤ちゃんの口に近づけ、1滴だけ垂らすイメージで舌の上に水分をのせたら、スプーンをそっと赤ちゃんの口から離します。

コップで飲ませる

赤ちゃんの上半身を少し起こした状態にします。水分が入った小さなコップを赤ちゃんの下唇に軽く当て、舌に1滴だけ水分を触れさせるイメージでコップを傾けます。水分が舌にのったら、コップをそっと赤ちゃんの口から離します。

NG

水分を流し込むと、赤ちゃんがむせてしまいます。「飲ませる」のではなく、舌の上に水分をのせるのがポイント。

100

母乳をそろそろやめたいけど子どもが飲みたがります（1歳6か月）

計画的卒乳に取り組んでみましょう

歩けるようになった子の場合、栄養バランスのいい食事を1日3食しっかり食べているなら、卒乳しても大丈夫。ここでは段階的に授乳回数を減らして卒乳する計画的卒乳の方法を紹介します。

計画的卒乳のポイント

1 おっぱいが張ったら授乳する

卒乳を決心したら、子どもに求められるまま授乳するのではなく、おっぱいが張ってつらくなったら、少量を吸ってもらう授乳方法に変更します。「子どもの唇＝搾乳器」と考えると、ママの気持ちが切り替えやすくなります。

2 段階的に授乳回数を減らす

徐々に授乳回数を減らしていき、最終的に授乳しない日が出てきたところで、思いきって母乳育児にピリオドを打ちます。この方法なら母乳の分泌量が自然に減るので、乳腺炎などのトラブルを防ぐことができます。

1日8回授乳していた場合の例

8回→7回→8回→7回→6回→7回→6回→5回～（中略）～1回→0回→1回→0回→0回。
0回の日が増えてきたので卒乳！

3 おっぱい以外のものに子どもの気持ちをそらす

おっぱいを求めてきたら、「たかいたかい」など体を使ったあそびをしたり、おもちゃあそびに誘ったり、おやつを食べさせたりして、子どもの関心をおっぱいからそらしましょう。2人きりで過ごすと、子どもがおっぱいに執着するので、公園や広場に出かけるのがおすすめです。

Column

卒乳と断乳の定義

授乳をやめることを一般的に「卒乳」もしくは「断乳」といいます。本書では、赤ちゃんが自然に母乳を飲まなくなることを「自然卒乳」、ママが計画的かつ段階的に卒乳させることを「計画的卒乳」、直ちに母乳をやめることを「断乳」と考え、ママと赤ちゃんどちらにも負担の少ない方法として計画的卒乳をおすすめしています。

101

卒乳後のおっぱいのケア方法を教えてください（1歳8か月）

圧抜きでたまった母乳を搾り出しましょう

計画的卒乳をすると、母乳分泌量は徐々に減っていきます。しかし卒乳を機にピタッと止まるわけではなく、しばらくは微量の分泌が続き、おっぱいの中にたまります。このたまった母乳は、多少は吸収されるものの完全に無くなることはありません。ですから、乳がんの予防もかねて、古い母乳はできる限り搾り出すことが大切。少量の母乳を搾り出す「圧抜き」のやり方を紹介するので、母乳が出なくなるまで続けましょう。

圧抜きのやり方

用意するもの
・タオル（母乳パッドなど清潔で吸水性があるものなら何でもOK）
・アルコールスプレーや清浄綿

1 手指をきれいに洗い、アルコールなどで消毒します。

2 乳輪部から指２本分離れたところを手のひらでやさしく包み込むように持ちます。

3 もう一方の手で、母乳を受け止めるためのタオルを持ちます。搾ると母乳が飛び散るので、おっぱいを覆うように持つといいでしょう。

4 親指の腹と人差し指の腹を合わせるように圧をかけて母乳を搾り出します。乳首の付け根の下あたりを目指して、歯みがき粉のチューブの中身を搾り出すイメージで行いましょう。

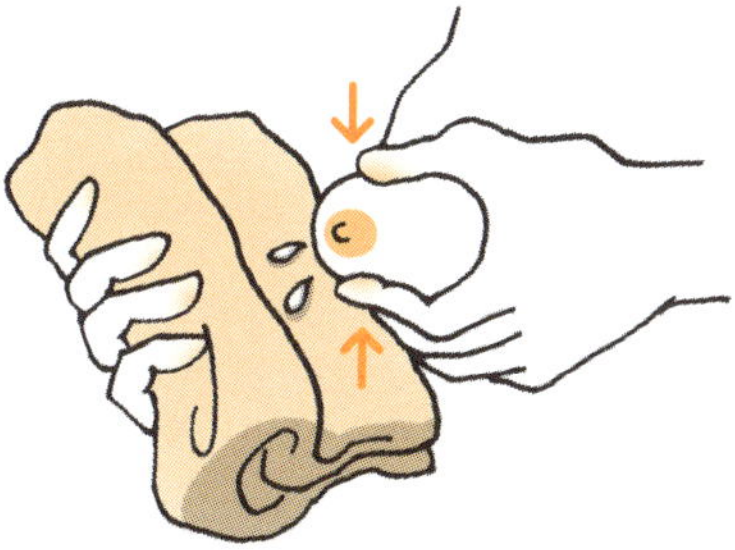

ひとことアドバイス

肩や手はリラックスさせるのがポイント。どうしても力が入ってしまい自分ではうまくできない場合は、母乳外来や助産院で相談してみましょう。

長男・はるが
1歳になる少し前に
長女・さくらの妊娠が
わかりました
年子だー♡
そのとき
はるはまだ
授乳中でした
どうしよう、
いきなりやめさせて
いいの？
授乳するとおなか
が張るんだっけ？
1歳だしちょうど
やめさせるタイミング？
でも妊娠で断乳って
私の都合だよね？
はるはまだ飲んでるのに
やめさせていいの？
ぷはっ
ぎゅ…
？
私としては…
まだ少し飲ませて
あげたいんだけどな…

102

2人目を妊娠しました。授乳はやめたほうがいい?（1歳3か月）

おなかの張りがないなら授乳を続けてもかまいません

結論からいうと、授乳を続けてもかまいません。近年の学会でも一人目の子の授乳を続けながら、健康な赤ちゃんを出産したケースが数例、報告されています。実際、母子ともに異常がないから、と妊娠後も授乳を続けているママはたくさんいます。

ただし、子宮収縮を促すホルモンの影響には個人差があります。ママによっては授乳の刺激によって、子宮収縮を起こすことがあり、その場合は、授乳を中止することが推奨されています。

ですから、授乳中におなかの張りや痛み、下腹部の違和感があった場合は授乳をやめて、産婦人科医に相談するといいでしょう。

Column

授乳と妊娠の関係

「授乳していると妊娠しにくい」という説があります。確かに、授乳中に分泌されるホルモンには排卵を抑制する作用があるのですが、その影響の度合いには個人差があり、授乳していても排卵し、授乳中でも妊娠する可能性はあるので、まだ妊娠したくない場合は、避妊をしっかり行う必要があります。

103

下の子を授乳していると、卒乳した上の子がおっぱいを飲みたがります

（上の子・2歳　下の子・0か月）

おっぱい以外で欲求を満たしてあげましょう

赤ちゃん返りの一つで、赤ちゃんにやきもちをやいているのでしょう。対応に困るでしょうが、「お兄ちゃんでしょ」と我慢させたり、「向こうに行ってなさい」と拒絶したりすると、ママに嫌われている、と不安になり、しつこくまとわりついたり、嫉妬心から赤ちゃんをいじめたりするようになります。ですから、授乳時は別の形で欲求を満たしてあげて、それ以外にも上の子中心に思いきりあそぶ時間を設けるといいでしょう。

赤ちゃん返りしている上の子への対応のポイント

1 授乳時間をおやつタイムにする

授乳前に「○○（下の子）におっぱいをあげるから、○○（上の子）はおやつ食べる？」と声をかけて、おやつを食べさせます。できれば授乳の間、食べて過ごせるのが理想的。食べるのに時間がかかり、虫歯予防も兼ねられる旬の野菜のおやつや果物（さつまいも、とうもろこし、りんご）、やや固めの雑穀パン、ごませんべい、干しいもなどがおすすめ。

2 こぼれない容器で水分補給

おやつと一緒にお茶などを飲ませるときは、普通のコップではなくベビーマグやこぼれないコップがおすすめ。親の関心を引くためにわざとこぼす子もいるので、叱らずにすむように対策をとっておきましょう。

3 体を使ってあそばせる

幼児期は、全身の筋肉を使ってあそぶことで心身が満たされる時期。ですから下の子が1か月健診を終えたら、上の子を公園や子育て広場、保育園の園庭開放などに連れ出して、思い切りあそばせてあげましょう。十分外あそびをさせるとストレスが発散でき、下の子にもやさしく接することができるようになるでしょう。

第4章 離乳食

「自分で食べる力」をスモールステップで育てよう

長女・さくらももうすぐ離乳食が始まる…
久しぶりだから復習しとかないと
やさしい離乳食
えーとブレンダーは捨ててないし…
冷凍用のパックは買い直した方がいいかも
パパ
さくらたんもうすぐ離乳食始まるんでちゅね〜
ご飯食べられるようになるんでちゅね〜
そうでちゅ〜（棒）

パパも離乳食のことちゃんと覚えてる？
もちろん！
ご飯食べやすいようにパパがふりかけやなめ茸とか色々買ってきてあげるからね！
まかせて
何言ってんの！5か月はおかゆ！それもトロトロの！
2人目でしょ!?今まで何見てたの!?さくらの離乳食は全部パパが作ってよね!!
そうだっけ――…

104

料理が苦手。簡単な離乳食の作り方を教えて（4か月）

気負わず楽しくちょこっと作ることから始めましょう

離乳食とは、母乳などの液体から固形の食事に切り替える移行期間に与える食事のことで、次の四つのステップで進めていきます。

- **5〜6か月→初期**
- **7〜8か月→中期**
- **9〜11か月→後期**
- **1歳〜1歳6か月→完了期**

ここではズボラママ&パパでも簡単に作れる離乳食を紹介します。

初期（5〜6か月）

この頃の赤ちゃんは、口に入った食べ物を舌で奥に送って飲み込みます。そこで、まずはポタージュスープのようなトロトロのおかゆから与え、慣れたら水分を減らしてヨーグルトのようなかたさに近づけていきましょう。

1日に食べる回数　1回食

1回に食べる分量　5g（小さじ1杯）から開始して、60g（小さじ10杯くらい）まで増やします

簡単離乳食1　ベビーフードを活用する

最初はおかゆ小さじ1杯をひと口食べるだけですから、市販のベビーフードを活用することをおすすめ。調理器具を汚すことなく、すぐ食べさせることができるので、料理に苦手意識のあるママ＆パパも気軽に始められます。

簡単離乳食2 茶こしで作るお手軽ペースト

茶こしを活用すれば、簡単に離乳食を作ることができます。道具は使用前に熱湯をかけて消毒。手も清潔にしましょう。

米がゆ

作り方

1. 炊きたてのご飯のやわらかい部分を食べさせる分量だけ茶こしに入れます。ひと口分なら小さじ1、ふた口分なら小さじ2くらいが目安。
2. 小さい器に大さじ2くらいの湯冷ましを入れ、茶こしをつけて、指、もしくはスプーンでご飯をすりつぶします。ペースト状になれば完成。

2〜3日、米がゆを食べさせて体調に変化がなければ、次は野菜ペーストをプラス

野菜ペースト

作り方

1. 野菜を小さく切り、小鍋でやわらかくなるまでゆでます。キャベツ、ほうれん草などの葉野菜は、葉先のやわらかい部分を細かくみじん切りしてからゆでましょう。
2. 食べる分量だけの野菜を茶こしですくい取ります。小さな器に大さじ2くらいの煮汁を取り分け、茶こしをつけて、指、もしくはスプーンで野菜をすりつぶします。ペースト状になれば完成。

野菜にも慣れたら、たんぱく源になる食品にチャレンジ

豆腐ペースト

作り方

絹ごし豆腐を熱湯にくぐらせてから、スプーンでつぶしてポタージュ状にします。たんぱく源になる食材はアレルギーを起こす可能性があるため、最初はひと口だけ与えて様子を見ましょう。

その他のたんぱく源になる食品の与え方

しらすはゆでて塩抜きしてみじん切りに。鯛やかれいはゆでた後、みじん切りして茶こしに入れて、指やスプーンで軽くすりつぶしてからおかゆなどに混ぜましょう。無糖ヨーグルトは常温に戻したものをそのまま食べさせてOK。

ひとこと
アドバイス

小麦もアレルギーを起こす可能性があるため、この時期に単品で与えて様子を見ます。うどんはゆで汁で、パンは粉ミルクか湯冷ましでのばしてペースト状にします。

中期（7〜8か月）　後期（9〜11か月）

中期に入ると舌と上あごで、後期になると歯茎で食べ物をつぶせるようになります。中期は豆腐くらい、後期はバナナくらいの硬さを目安にしましょう。

1日に食べる回数　中期は２回食
後期は３回食

1回に食べる分量　中期は90ｇ〜120ｇくらい
後期は130g 〜150ｇくらい

簡単離乳食　家にある食材で作るおじや

中期・後期になると、野菜全般を食べられるようになります。ここでは超簡単な離乳食として家にある食材を使った栄養満点のおじやを紹介。赤ちゃんの分を取り分けてから味つけすれば、ママのダイエットメニューになるので、赤ちゃんの２〜3回食分とママの分を一緒に作るといいでしょう。

作り方

1. ご飯（冷凍ご飯でもOK）と家にある野菜1〜3品（切り方は下記参照）、それらが浸るくらいの水を鍋に入れます。分量は赤ちゃんが食べる分＋ママが食べる分を目安としましょう。土鍋で作ると、おいしくできあがります。
2. ふたをして、中期は豆腐程度、後期はバナナ程度のやわらかさになるまで弱火でじっくり煮込みます。途中でやわらかさを確認しながら煮込みましょう。

野菜の切り方

皮をむいてひと口大にザックリ切る
じゃがいも、にんじん、かぼちゃ、大根など、煮るとくずれる野菜

細かくみじん切り
キャベツ、白菜、小松菜、玉ねぎなど繊維が硬めの野菜

ひとことアドバイス
試食して、ちょっと硬いと感じたら水を足してもう少し煮込んでみてください。

3 火を止める寸前にたんぱく源になる食材をトッピング。ふたをして余熱で加熱します。

トッピングする食材の例

豆腐
くずしながらザックリ混ぜるだけ。後期からは木綿豆腐も使えます。

高野豆腐
おろし金ですりおろします。

納豆
ひきわり納豆以上の大きさなら、包丁で細かくきざみましょう。「超・細か～いきざみ納豆」(ヤマダフーズ)という商品はそのまま使えて便利です。なお豆腐は大丈夫でも納豆にアレルギーを起こす赤ちゃんがいます。最初はひと口だけ食べさせて様子を見ましょう。

ささみやマグロの水煮缶
茶こしに入れて、指やスプーンで軽くすりつぶしてから入れます。

しらす
やわらかいしらすを軽くゆでて塩抜きした後、みじん切りに。後期になり慣れてくればさっと熱湯をかけるだけでOK。

かつおぶし
粉末状のかつおぶしか細かいかつおぶしをそのまま少し加えてもOK。

その他のたんぱく源になる食品の与え方

水煮缶ではないささみももちろん食べられます。十分に火を通したものを細かくほぐして、土鍋のおかゆと野菜に混ぜるといいでしょう。ささみに慣れたら、豚ヒレ肉を同様に加熱してほぐしたものを混ぜて与えてみます。

4 離乳食1回分と自分の分を取り分けます。離乳食用の残り分は冷蔵庫に保存。2回目、3回目は食べる30分前に冷蔵庫から取り出して、少し水を足して温めなおしましょう。

ママの分のおすすめの食べ方

薄味なので、ママは市販の固形のインスタントスープを加えて食べることをおすすめ。みそ汁や卵スープ、お吸い物などその日の気分で味を変えると、飽きずに食べ続けることができます。

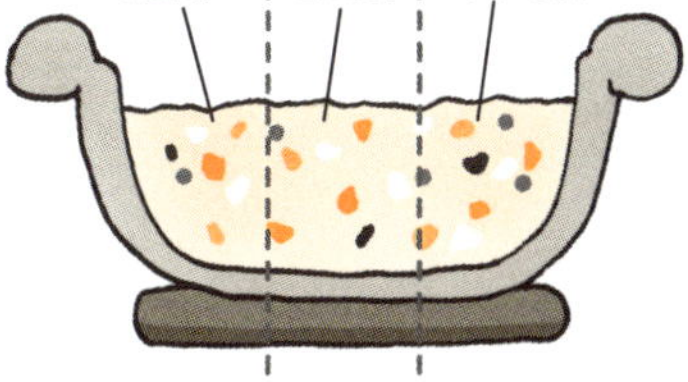

2回食の赤ちゃんの場合

ひとことアドバイス

1日の食事が同じメニューであっても大丈夫。おなかが空いていればおいしく食べてくれます。

完了期（1歳〜1歳6か月）

スプーンで軽くつぶせるくらいの硬さのものが食べられるようになります。大人の料理から取り分けて、食べやすい大きさにしたものをあげるといいでしょう。ここでは大人のメニューから取り分けて、混ぜご飯にする方法を紹介。ママとパパの生活習慣病予防のためにも薄味を心がけ、野菜たっぷりのみそ汁を必ずメニューに加えましょう。

1日に食べる回数　3回食

1回に食べる分量　おかずとご飯合わせて、子ども茶碗に1杯強くらい

大人からの取り分けメニュー1　豚の角煮と野菜の混ぜご飯

大人のメニュー
- 豚の角煮
- ゆでたさやいんげん
- みそ汁
- ご飯

作り方

1 少量の豚の角煮の肉（やわらかいもの）、いんげん、みそを入れる前のみそ汁の具材を取り出します。みそ汁の具材は赤ちゃんの食べる訓練用に一部を取り分け、残りは肉、いんげんとともに細かくみじん切りします。

ひとことアドバイス 赤ちゃんの食べる様子を見ながら、徐々に粗いみじん切りに移行。最終的には1㎝くらいの大きさを目指しましょう。

2 炊きたてのご飯のやわらかいところを器にとり、1の肉と野菜を加えて混ぜます。

ひとことアドバイス 豚の角煮の塩分が気になるかもしれませんが、少量なら大丈夫。野菜はたっぷり入れましょう。

赤ちゃんに食べさせるときは

混ぜご飯はママやパパが赤ちゃんに食べさせます。食べる訓練用に取り分けたみそ汁の具材は赤ちゃん用の器に入れて、手づかみかフォークで食べさせましょう。具体的な食べさせ方についてはQ107（P128）、Q108（P130）をチェックしてください。

大人からの取り分けメニュー２ 魚と野菜の混ぜご飯

大人のメニュー

- 焼き魚（ソテーやムニエルもOK）
- ゆでたほうれん草
- みそ汁
- ご飯

作り方

作り方は、豚の角煮と野菜の混ぜご飯と同じ。

魚は骨がなく、やわらかくておいしいところを取り出して、ひき肉くらいの大きさにみじん切りするか、茶こしに入れて指でほぐします。魚がパサパサしている場合も、やわらかいご飯に混ぜると食べやすくなります。ゆでたほうれん草、みそ汁のみそを入れる前の具材もみじん切りにしてご飯に混ぜます。

大人からの取り分けメニュー３ ハンバーグと野菜の混ぜご飯

大人のメニュー

- ハンバーグ
- ゆでたにんじんとブロッコリー
- みそ汁
- ご飯

作り方

作り方は、豚の角煮と野菜の混ぜご飯と同じ。

ハンバーグは少量を取り分けてみじん切りします。付け合わせのゆでたにんじん、ブロッコリー、みそを加える前のみそ汁の具もみじん切りしてご飯に混ぜます。

その他のメニューの与え方

●スパゲッティ

ナポリタンなど刺激物が入っていないものなら食べてもOK。５㎝くらいにカットしてつかみ食べさせるか、フォークにひっかけて赤ちゃんに持たせましょう。

●ぎょうざ

薄味の手作りぎょうざなら、この時期から食べさせることができます。小さくカットするか、手づかみで食べさせます。

●カレー・クリームシチュー

子ども用なら食べることができます。最初はカレーやシチューから肉と野菜を取り出し、ルーをぬぐい取ってからみじん切りして、ご飯に混ぜましょう。スプーンですくって食べられるようになるのは、個人差がありますが、だいたい2歳頃からです。

105

Q スプーンをくわえさせるのが苦手。無理やり口に入れがちです(5か月)

A 離乳食をあげる姿勢から見直していきましょう

口を開いていないときに無理に食べさせると、スプーンのくわえ方が浅くなり赤ちゃんが唇で離乳食を押し出してしまいます。スプーンをしっかりくわえてもらうためには、まず姿勢から見直すことが大切。そのうえで、口を開けさせる裏技を試してみましょう。

離乳食初期の食べさせ方

ひざの上に赤ちゃんをしっかり座らせます。赤ちゃんが泣いてもあせらず、笑顔でやさしく声かけしながら、ゆっくりしたテンポで食べさせましょう。

スプーンの角度は30度くらい。
腕を赤ちゃんの背中にそわせるようにして赤ちゃんを支えます。腱鞘炎予防のために、手首はまっすぐ保ちましょう。

口を開けさせる２つの裏技

1. ママやパパが大げさなくらい大きく口を開けて「あーん」と言うと、赤ちゃんもまねをして口を開けます。
2. スプーンの先で赤ちゃんの唇をツンツンと軽くタッチすると、赤ちゃんが口を開けてくれます。

106

スプーンをつかみにくるので困っています（7か月）

スプーンを持ちたがるのは自立心の表れです

スプーンをつかもうとするのは、自分で食べたい、という意欲の表れ。「汚れる」「食べさせるのに時間がかかる」とスプーンを取り上げると自立心を奪うことになります。食べさせてもらうのを待つ子にしないためにも、赤ちゃん用に別のスプーンを持たせて、次のように食べさせるといいでしょう。

スプーンをつかみたがるときの食べさせ方

1. ママ＆パパが食べさせるスプーンとは別に、赤ちゃんに持たせるためのスプーンを準備します。赤ちゃんが握ったときにスプーンの先だけが出る柄の短いものにしましょう。
2. 最初の一口目は赤ちゃんに持たせるスプーンで食べさせます。赤ちゃんがスプーンをつかんだら、そのまま深くくわえさせましょう。
3. 二口目からはママ＆パパ用のスプーンで食べさせます。このとき赤ちゃんが自分のスプーンを振り回すかもしれませんが、それをよけて食べさせていきます。

NG

スプーンを取り上げたり、手で押さえたりするのはひかえます。赤ちゃんによっては大泣きして、離乳食が楽しい時間ではなくなってしまいます。

赤ちゃんの気持ち
自分で食べているみたいで、楽しいの

107

つかみ食べをしてくれません（9か月）

おもちゃを噛んでいるならつかみ食べもできます

赤ちゃんは8か月頃からおもちゃなどいろいろなものを両手に持ってガシガシと噛むようになります。この姿が頻繁に見られたら、それらを食べ物に変えればいいだけなので、つかみ食べもできるはず。つかみ食べには次の二つの食べ方があります。

- **指先を使ってつまんで食べる**
- **手のひらと指を使って持って食べる**

ここではそれぞれの練習方法を紹介します。

指先でつまんで食べる練習

1 テーブルの上に、つまむ食材が目立つように天板とよく似た色のランチョンマットを敷き、つまんで食べるものを1個置きます。テーブルがきれいであれば、直接置いてもかまいません。

練習用の食材

口に入れたら、舌の動きで砕ける硬さのものをママの小指の爪くらいの大きさにカットして与えます。

例）・パンのやわらかい部分
・じゃがいも、にんじん、かぼちゃ、さつまいもなどを蒸して小さくカットしたもの。もしくは裏ごしして、丸めたもの。

NG

つまむ食べ物より目立つ色や柄のランチョンマットは、そこに関心が向いてしまい、かじったり投げたりするので避けます。

2 上手につまんで食べられるようになったら、個数を増やしていきます。まず2～3個を置き、食べたらまた2～3個という感じで、食べたら置くことをくり返します。

3 上手につまめるようになったら、吸盤のついた容器につまんで食べるものを入れて、食べる練習を続けます。吸盤付きの容器なら、器を投げたりひっくり返したりするいたずらを予防できます。

手のひらと指で持って食べる練習

練習用の食材

窒息予防のために口より大きいサイズの食べ物を与えます。そう言うと驚くママやパパが多いのですが、赤ちゃんは絵本や机の角をかじる要領で、粉々に砕きながら上手に食べていきます。

例）・干しいも（平干しのもの）
・りんご2分の1個（半分にカットしたもの）
・にんじん2分の1本（生で大丈夫）
・食パンの耳
・フランスパンの表面の硬い部分

両手に持たせると、赤ちゃんはかじりながら食べていきます。持って食べる練習用の食パンの耳は、1斤の食パンの端を4等分したものがいいでしょう。絵本のような硬めがおすすめ。

NG

赤ちゃんが食べやすいようにと、口に入るサイズにカットするのはかえって危険。例えばりんごを6～8等分にしたものだと、口の中でパリッと割れて、気管や食道をふさぐサイズになることがあります。パンも同様にやわらかい部分を持って食べさせると、口の中にどんどん押し込んで詰め込む危険があります。

ひとことアドバイス

最初のうちは、ママやパパがゆったり見守れるおやつタイムなどにこれらの練習を行います。上手に食べられるようになったら離乳食のメニューに加えるといいでしょう。

108

スプーンとフォークの練習方法が知りたい（10か月）

3回食の頃がフォークの練習の始めどきです

106（P127）で紹介したように赤ちゃんがスプーンをつかみたがったら持たせることが最初のレッスンになります。3回食になったら、このスプーンをフォークにチェンジ。フォークに刺したものを口元まで運んで食べる練習を始めましょう。フォークが適切に使えるようになったら再びスプーンを持たせて、その料理に合った食べ方ができるようにしていきましょう。

3回食になってからのスプーンとフォークの練習法

1. 食べ物をフォークで刺して、赤ちゃんに持たせ、口元まで運ばせます。
2. うまく口に入れられるようになったら、自分でフォークを刺して食べることを促します。
3. 刺して食べることをくり返すうちに、フォークの先を縦から横にして、口元に運べるようになります。これができれば、スプーンの食べ物をこぼさず口に運べますから、すくって食べるメニューはスプーンで、刺したり引っかけたりして食べる料理はフォークで食べさせましょう。

ひとことアドバイス

スコップやひしゃくで、砂や水をすくうあそびもスプーンの練習になります。

次男・もも1歳
ももちゃん ご飯だよ〜
ヤッター
お座りしようね！
はいアーン
あ〜〜ん
ごろごろごろごろ
うまい
うまい
ももちゃん じっとして
座ってね はいお尻ぺったん
はいアーン
パクッ
うまい…!!!
ももちゃん 座って

109

椅子にじっと座って食べることができません（1歳4か月）

原因に合わせた対処をしつつ根気強くマナーを教えましょう

3回食になった頃から赤ちゃんはママやパパのすることをまねするようになります。ですから、食べることの楽しさとともに食事のマナーも教えていきましょう。

椅子に座ってくれない場合、まずその原因を考えて、それに合わせた対処をします。その上で赤ちゃんが立ち歩いたときは低めの声でおだやかに「ダメ」と注意を促し「座って食べよう」と正しい行動へと導くことを根気強くくり返しましょう。

椅子に座ってくれない原因と対処法

1 おなかが空いていない

食前に、母乳やミルク、おやつなどを与えると、空腹感がないため、「あそびたい」という気持ちが勝ってしまいます。おなかを空かせた状態で離乳食を食べさせましょう。

2 家族が座って食べていない

ママやパパ、きょうだいが食事中に歩き回っていると、食事中は歩いていい、と学習してしまいます。家族全員が座って、落ち着いて食べることを心がけましょう。

NG

赤ちゃんを怒りながら追いかけて、座らせるのは逆効果。赤ちゃんは追いかけられるのが楽しくなり、立ち歩きをくり返すようになることがあります。

ひとことアドバイス

きちんと食べているときは、「座ってる！　すごいね」とほめてあげましょう。

110

食べ物を投げてあそびます
（11か月）

日中に物を投げるあそびを行いましょう

離乳食は食べる練習でもありますから、最初のうちはなかなかうまくできず、食べ物を落としたり投げたりするものです。ただ投げたものをママやパパがすぐに拾うと、投げれば拾ってくれると赤ちゃんが学習して、それがあそびの一つとなってしまいます。なので、食事が終わってから、まとめて拾うようにしましょう。また投げる行為には上半身の筋肉を鍛える効果があり、赤ちゃんは好んで行います。ですから、日中に物を投げるあそびをたくさんするといいでしょう。それで満足すると、自然に食事中に食べ物を投げなくなっていきます。

111

スプーンやフォークを持とうとしません
（1歳5か月）

食べ物を刺したフォークを手渡すことから始めましょう

赤ちゃんが自分で食べないからと、ママやパパが食べさせると悪循環でますます食べさせてもらうのを待つようになります。できる限り、手を出さずに見守りましょう。対策ですが、食べ物を刺したフォークを渡して、食べさせることから始めます。慣れたら、フォークで食べ物を刺すことを促しましょう。子育て広場などで近い月齢の赤ちゃんと一緒に食べるのもおすすめ。他の子が自分で食べる様子を見て、まねることがあります。またママ以外の人に食事介助を任せるのもいい方法。パパや祖父母が手を出さずに見守ると、自分で食べるケースがあります。

112

ベビーフードに頼りきりですが、問題はありますか？（7か月）

中期から手作りにもチャレンジを

ベビーフードは栄養バランスを考えて作られていますから、炭水化物とたんぱく質と野菜がとれているかを意識して使えば問題はありません。ただ頼りきりだと、大人の食事から取り分ける時期に味つけの仕方などがわからず、困ることになりがち。ですから、初期はベビーフードでOKですが、中期から少しずつ簡単な離乳食作りにチャレンジしていきましょう。

（P122参照）

113

離乳食を残したとき、赤ちゃんせんべいでおなかを満たしてもいい？（8か月）

食べる順番は問題なし。食べすぎに注意を

赤ちゃんせんべいは主な原材料がお米なので、栄養面ではご飯を食べているのと同じ、と考えることができます。離乳食を食べさせてから、赤ちゃんせんべいを与えるのであれば、食べる順番としても問題ありません。ただ食べすぎると、次の離乳食までにおなかが空かず、また離乳食を残すことになるかもしれません。ですから、枚数やタイミングをきちんと考えて与えましょう。

114

麺類が好きでご飯より食べます。主食は麺類が多めでもいい？（9か月）

問題はありませんが栄養面で偏りが出ないように工夫を

結論からいうと問題ありません。麺類にもうどん、パスタ、そうめん、きしめんなど種類がありますから、いろいろなものを赤ちゃんに食べさせてあげましょう。ただし麺が好きだから、と多めにあげすぎると、栄養バランスに偏りが出ることもあります。豆腐や魚、肉、野菜もしっかり食べられるようにメニューを工夫するといいでしょう。

115

バナナが大好きで、よく食べさせますが栄養が偏りますか？

（9か月）

栄養豊富だから問題なし。離乳食にもぜひ活用を

バナナはビタミン類やマグネシウム、カリウムなどのミネラルが含まれ、手軽に栄養がとれます。たくさん食べてももちろん大丈夫ですが、そんなに好きならバナナを離乳食の食材としても、活用してはいかがでしょうか。例えば、豆腐、きなこ、かぼちゃ、にんじん、ほうれん草などとバナナをあえれば、やさしい甘みの離乳食メニューになります。これらに無糖のヨーグルトを混ぜると、さらに食べやすくなり栄養価もアップするので、ぜひ試してみてください。

116

野菜をほとんど食べてくれません

（2歳）

思わぬきっかけで食べるようになるのでいろいろ試してみては

野菜とわかる状態で出すと嫌がる場合、料理に混ぜ込んでごまかしながら食べさせることから始めましょう。例えば、カレー、スープ、ハンバーグやぎょうざ、春巻き、コロッケ、お好み焼きなどの中に、野菜をすりおろして、もしくは小さくみじん切りにして入れます。手作りの蒸しパンやケーキに入れるのもいいでしょう。動物やキャラクターに似せたメニューの目や口に野菜を使うのも手。野菜の絵本を読み聞かせたり、野菜が出てくる歌を歌ったりしてもいいかもしれません。何がきっかけで野菜好きになるかわかりませんから、あきらめずいろいろ試してみましょう。

117

離乳食を始めたばかり。食べたがるだけあげてもいい？（5か月）

胃腸に負担がかかるので目安量を守ります

もりもり離乳食を食べる姿を見ると嬉しくて、欲しがるままに食べさせたくなる気持ちはよくわかります。しかし、5か月の赤ちゃんの消化機能はまだ発達途中。母乳やミルク以外の新しい食べ物をたくさんとると、胃腸に負担がかかり、食後に吐いたり下痢したりすることがあります。ですから、目安量を守って食べさせましょう。「足りない」と赤ちゃんが欲しがるときは、母乳やミルクを足せば十分。食材も月齢に適した食材の中から選んでください。

118

おっぱいが好きで離乳食を半分しか食べない（9か月）

離乳食前の授乳時間を調整しましょう

赤ちゃんが欲しがるたびに母乳を飲ませている場合、それでおなかが満たされ、離乳食を積極的に食べてくれないことがあります。思い当たるなら、離乳食の時間を決めて、その1時間半～2時間前に本人が欲しがらなくても授乳。その後は離乳食まで飲ませないようにすると、しっかり食べてくれることがあります。また、かぼちゃ味やコーン味、ホワイトソース、ケチャップ、みそなど味つけを変えたり、細かくした焼きのりやしらすをトッピングしたりいろいろ試して、赤ちゃんの好みの味や食感を見つけることもおすすめ。好きな味や食材なら、たくさん食べてくれるかもしれません。

119

小食で、ご飯とおかず合わせて子ども茶碗半分しか食べません（11か月）

少量でも質のいい離乳食を食べさせてあげましょう

赤ちゃんが小食の場合、実はママやパパも食べない子だったということがよくあります。自分たちがどうだったか、確かめてみましょう。体質的に小食の場合、無理に食べさせようとすることは、赤ちゃんとママやパパ双方のストレスになります。次に紹介する小食の原因と対策を試しても変化がない場合、少量でも栄養バランスのいい離乳食を与えることに力を注ぎましょう。

小食の原因と対策

1 赤ちゃんが食べる様子を食い入るように見ている

小食が心配なあまり、赤ちゃんが食べる様子を真剣な顔でじっと見ていませんか。そんな状況で食べるのは、誰だって嫌なもの。ですから、介助するなら笑顔で。ママやパパも一緒に食事を楽しんで、おいしそうに食べる姿を見せるのがおすすめ。

2 離乳食前に母乳のチョイ飲みをしている

お菓子やジュースを与えている場合も同じ。おなかが満たされ、離乳食をしっかり食べられなくなります。離乳食を空腹の状態で食べられるように、授乳スケジュールを調整しましょう。

3 集中して食べられない

おもちゃが目に入ったり、テレビがついていたり、まわりできょうだいがあそんでいたりすると気が散り、食事に集中できない場合があります。椅子が合っていないケースもあるので、食事に集中できるように環境を整えましょう。

4 離乳食の状態が合っていない

離乳食の進み方にも早い、遅いという個人差があるため、食べ物の硬さや食感を変えると、食べるようになるケースがあります。また、赤ちゃん好みの味付けや食材を探して、それらを増やすのもいいでしょう。

今はもう離乳食も終わったけど
離乳食期に密かに気になっていたことを発表します
ザザザザザザ…ン
ザザザ…ン
育児本などに「離乳食は朝10時」とよく書かれていますが守ったほうがいいですかーーー!?
ざっぱ
朝は10時
昼は14時
夕方は18時…
育児書とかってだいたいそう書かれていますよね
でも健診や予防接種でずれたときはどうするの?
朝8時とかでもいいの?
今日は健診だから朝8時、昼12時に食べさせよう
そうすると夜は16時?18時?
どう思います?先生
いま0時なんだけど…

120

「離乳食は朝の10時に」と本に書かれているけど、守るべき？（6か月）

外出したいときは予定を優先。離乳食は午後で大丈夫

「朝10時に離乳食をあげましょう」と本にはよく書かれています。しかしこの時間は子育て広場などのイベントがあることも多く、外出したい時間帯と重なっていますよね。その場合、赤ちゃんはもちろん、ママの心身のリフレッシュをかねて、お出かけを優先させることを私はおすすめしています。離乳食は14時頃までに食べれば問題ないので行きたいところへ出かけましょう。

離乳食をあげるタイミング　１回食の場合

●午前中、家にいる日

おなかが空いていて、かつ空腹で泣き出す前がベストタイミング。そこで授乳時間のリズムをまずはチェック。その30分前くらいが離乳食の時間として最適です。

例）
11時　授乳タイム
↓ その30分前が離乳食のベストタイミング！
10時30分　離乳食

●午前中、外出する日

お出かけして帰宅した後なら、おなかが空いている可能性大。そのタイミングで食べさせます。

例）子育て広場のイベントに出かけた場合
12時　イベント終了
帰り道でグズることがないように、広場で授乳やおむつ交換をすませます
13時　家に到着後、離乳食

121

2回目の離乳食は14時頃までに食べたほうがいいと言われたけど、なぜ？（7か月）

食中毒を起こしたときに病院を受診しやすいからです

赤ちゃんは細菌に対する抵抗力が弱く、大人なら大丈夫なものにも食中毒を起こすことがあります。その場合、下痢や嘔吐の症状が出るのはだいたい3時間後。14時に離乳食を食べれば、3時間後は17時ですから、近隣の小児科の受診が可能な時間帯。すぐに適切な治療が受けられます。午前中に外出したい日は、離乳食のタイミングを次のように調整するといいでしょう。

離乳食をあげるタイミング　2回食の場合

●午前中、家にいる日

2回目を14時までに食べたいので、1回目は午前に、2回目は午後早めに食べるといいでしょう。

例）
10時　1回目の離乳食
14時　2回目の離乳食

●午前中、外出する日

おすすめは外出先で1回目、帰宅後に2回目の離乳食を食べるスケジュール。間隔が短すぎでは、と思うかもしれませんが、この時期に食べる量はだいたい90ｇ前後とわずかですから、心配はいりません。

例）子育て広場のイベントに出かけた場合
12時　イベント終了後、1回目
帰り道でグズることがないように、広場でベビーフードなどを活用して、1回目の離乳食。授乳やおむつ交換もすませましょう
13時　家に到着
14時　2回目の離乳食

122

ストローの練習はいつから始めたらいい？（6か月）

赤ちゃん用ラッパを鳴らせるかどうかが目安です

「吸う」という機能の発達にも個人差があります。吸っても吹いても音が出る赤ちゃん用ラッパを鳴らせるなら、ストローの練習が可能。次の2ステップで進めましょう。

ストローの練習方法

ステップ1 ストローに慣れる

最初は紙パックのジュースを使用。ストローをくわえさせたら、ママやパパが紙パックの中身を押し出し、少量飲ませます。ひと口飲むごとにストローを口から外し、飲み込んだのを確認して、くわえさせることをくり返します。

ストローを噛まずに吸って飲めるようになったら、ステップ2へ

ステップ2 飲み込んでから吸うことを教える

赤ちゃんに飲み物を持たせ、自分で吸って飲ませます。ただし、赤ちゃんは飲み物が口からあふれ出るまで吸い続けることがあるため、ひと口分を吸ったら、ママやパパが後方からサポートしてストローを口から外しましょう。飲み込んだのを確認したら、サポートする手を離して、再び飲ませることをくり返します。

口に入った分を飲み込んでから、ひと呼吸して吸うことが自力でできるようになったら、レッスン終了！

123

コップの練習方法を教えてください（7か月）

透明の小さなコップで練習しましょう

コップの練習に最適なのは透明の小さなコップ。※スパウトなどに付いているプラスチックのキャップを使ってもOK。次の2ステップで進めましょう。

※スパウト…ベビーマグに取り付ける、赤ちゃんが飲みやすいように工夫された飲み口。

＼動画あり！／

QRコードをスキャンすると、紹介したテクニックのやり方を動画で見ることができます。ぜひ活用してください。

コップの練習方法

ステップ1 コップに慣れる

赤ちゃんをひざの上に座らせて、少量の水分が入ったコップを口元に当てます。口元の動きを見ながら、ゆっくりコップを傾けて、ひと口ずつ飲ませます。飲み物が口に入ったらコップの傾きを戻して、飲み込んだらまた飲ませることをくり返しましょう。

赤ちゃんがコップを自分で持ちたがるようになったらステップ2へ

ステップ2 コップの傾け方を教える

赤ちゃんにコップを持たせますが、慣れないうちはコップを急角度にしすぎて、水分をこぼしたりむせたりすることがあります。ですからママやパパはコップの近くに手を添えて、必要なときは傾きを調整してあげましょう。

赤ちゃんがコップの傾きを自分で調整できるようになったら、レッスン終了！

※赤ちゃん用の「こぼれないコップ」などのグッズは傾けてもこぼれにくいので、ママやパパのサポートは不要です。

124

大人用の麦茶は、薄めれば飲ませてもいい？（7か月）

飲ませることはできます。ただし衛生管理には注意を

薄めれば飲ませても大丈夫。ただ、作り方や保存の仕方が悪いと、細菌が繁殖して食中毒の原因になります。衛生管理には十分に気を配りましょう。

大人用の麦茶の飲ませ方

離乳食初期～中期の赤ちゃんの場合、ほ乳びんかベビーマグに麦茶を入れて、熱湯で薄めます。麦茶とお湯の割合は1：1にしましょう。

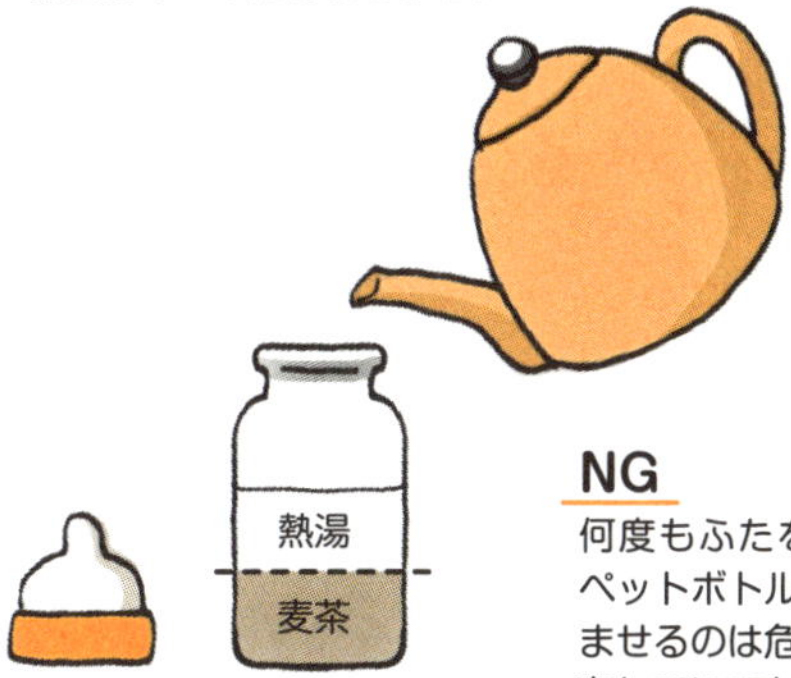

NG

何度もふたを開け閉めした市販のペットボトルの麦茶を赤ちゃんに飲ませるのは危険。たとえ冷蔵庫で保存していても、細菌が繁殖することがあります。開封時に赤ちゃんの分を取り分けたら、残りはすべてママやパパが飲みましょう。

Column

気温が高い時期の飲み物の衛生管理

気温が高い時期は短時間で細菌が繁殖しやすく、テーブルの上に飲み物をしばらく置きっぱなしにするだけで、悪くなることがあります。ですから水分は飲むたびに入れ替え、容器もその都度洗って清潔に保ちましょう。外出時も持ち歩いている水分を何度も飲ませるのは危険。コンビニなどで軟水のミネラルウォーター（常温のもの）を買うのがベストです。

今日は暑いね〜
お外でたくさんあそんだから…はる、お茶飲もう
や！
ぷいっ
えっ
飲まないと！
おいしいよ麦茶!!
いななない
いらなくても飲まないと！
あしょぶ みじゅ いななない
宣言
脱水になっちゃうよ〜
先生助けて〜〜〜
は〜い

125

暑いのに、水分補給を嫌がります（2歳）

飲み物以外の方法でも水分補給は可能です

2歳前後は、いわゆる「イヤイヤ期」の真っただ中。熱中症や脱水症を心配するママやパパが飲ませようとすればするほど子どもは飲んでくれない、という悪循環に陥りがちです。

ここで最も重要なのは、健康を守ること。ですから、無理に飲ませようとせず、別の方法で水分をとれるように工夫していくといいでしょう。

水分補給を嫌がる子への対策

1 声かけをチェンジ

「飲んで」と言うと、イヤイヤ期の子どもは反発します。そこで、「かんぱいしよう」とコップを持たせたり、ママやパパがおいしそうに飲む姿を見せてから「飲む？」と声をかけたりすると、あっさり飲んでくれることがあります。

2 子どもが気に入る容器で飲ませる

大好きなキャラクターがついている、あるいは好きな色や形の水筒やコップなら進んで飲む子もいます。

3 飲み物以外で水分補給する

スイカやトマト、きゅうりなど夏が旬の果物・野菜には、水分が多く含まれます。ビタミンやミネラル、食物繊維もとれて一石二鳥。りんごなど果物の多くも80～90%が水分ですから、どうしても飲んでくれないときは、これらの野菜や果物を食事やおやつに。もちろんスープや汁物でも水分補給が可能です。

126

離乳食を始めたら口のまわりが赤くかぶれてきました
（6か月）

離乳食後に汚れをやさしく洗い流しましょう

離乳食後、口のまわりの汚れをタオルなどで拭き取って落とすと、皮膚を傷めることがあります。ですから口のまわりの汚れはぬるま湯などでやさしく洗い流し、押さえ拭きしてから、ワセリンで保湿しましょう。食前にワセリンを口まわりにつけて、食べ終えたら、ぬらしたタオルなどでやさしく押さえ拭きして、ワセリンと汚れを取り除く方法もおすすめです。

127

うんちに食材がそのまま出ています。すりつぶし方が足りない？
（6か月）

胃腸が未熟なだけ。すりつぶし方のせいではありません

赤ちゃんは胃腸の機能が未熟です。そのため食べたものを消化しきれず、野菜や果物がうんちに混じってそのまま出てくることはよくあります。すりつぶしが足りないわけではないので、安心してください。離乳食を続けるうちに、赤ちゃんも食べ物をしっかり消化吸収できるようになっていきます。それに伴い、野菜混じりの黄色や緑色のうんちが、大人と同じような茶系に変化していきます。

128

離乳食を始めてから便秘気味になりました
（7か月）

野菜の量をご飯の2倍に増やしましょう

おかゆ＋少量の野菜の離乳食だと便秘になることも。その場合、ご飯と野菜の比率が「1：2」になるように、野菜を増やしましょう。野菜は大根、ニンジン、レンコン、カブ、キャベツ、白菜、タマネギ、山いも、ブロッコリーなどがおすすめ。デザートとして腸内環境の改善に役立つヨーグルト＋バナナ、ヨーグルト＋きなこ、ヨーグルト＋プルーン（少量）を食べさせてもいいでしょう。

第5章 日常生活のあれこれ

睡眠、
お風呂、外出…etc.
日々の
「どうしたらいい?」に
お答え

ゆ〜〜ら
ほにゃ
ゆ〜〜ら
う〜〜〜ん
寝ない
ほにゃ〜
ほにゃ〜
夜はずっと
ぐずぐず
してるなぁ…
かりんちゃーん
眠いなら寝なよ〜
ほにゃ
…
お昼はわりと寝てくれるんだけど
夜になったらなかなか
寝てくれなく
なるから…
私も眠れてない
じわ…

先生…
パラ…
どうしました？
先生、これはいつ終わるのですか？
この子もいつかは夜もちゃんと寝ついてくれるようになるんでしょうか…？
しんどくなってきちゃった…
今は眠れなくてつらいわよね…
絶対寝てくれるようになるからね
生まれたばかりの赤ちゃんはまだ体内時計が整ってないのよ
体内時計…？

129

昼間は寝るのに、夜はグズグズ。昼夜逆転はいつまで続く？（1か月）

3か月頃になれば昼夜の区別がつき始めます

1～2か月の赤ちゃんは、体内時計がまだ整っていません。ですから昼夜関係なく睡眠と覚醒をくり返して過ごします。特に母乳の場合は2～3時間で空腹を感じてグズり出すため、夜間に何度か起こされてしまうのは自然なこと。

3か月頃になると日中起きている時間が長くなり、夜はまとめて寝るようになります。それまでは赤ちゃんと一緒に昼寝するなどして、ママの心身の健康を守りましょう。

睡眠リズムを整えるための工夫

1か月健診を過ぎ、ママが少しずつ赤ちゃんのいる生活に慣れ、心身ともに元気であれば、昼夜のメリハリをつけることを意識して生活してみましょう。赤ちゃんの体内時計が整いやすくなります。

朝	雨戸やカーテンを開け、赤ちゃんが朝の光を感じられるようにします。
午前中	気候がよければ外出して、赤ちゃんを外の光や空気に触れさせます。外出が難しければ、窓のそばで光や外気に触れさせるだけでもOK。
日中	赤ちゃんが起きているときに抱っこしてやさしく揺らしたり、赤ちゃんの手足やおなか、背中をマッサージしたり、歌を歌ったり。たくさんあそびましょう。
夜	テレビを消して、静かに過ごします。決まった時間に部屋を暗くするのもいいでしょう。

130

ねんね中、あお向けにしてもすぐ寝返りしてうつぶせに戻ります（6か月）

窒息事故予防の対策をしておきましょう

自力で寝返りして戻れるなら、うつぶせのままで大丈夫。ただ、布団で口や鼻がふさがれると窒息の恐れがあるため、予防対策はしっかり行っておきましょう。

ねんね中の窒息事故の予防対策

① 敷布団への対策

敷布団がやわらかいと、うつぶせになったときに顔が沈み込んで、鼻や口をふさぐことがあります。敷布団はやや硬めのものにしましょう。２枚の布団の間にできるくぼみに鼻や口がはまる危険性も。硬めのキルトパッドなどでくぼみを覆うと安心。

② ベッドの端のすき間への対策

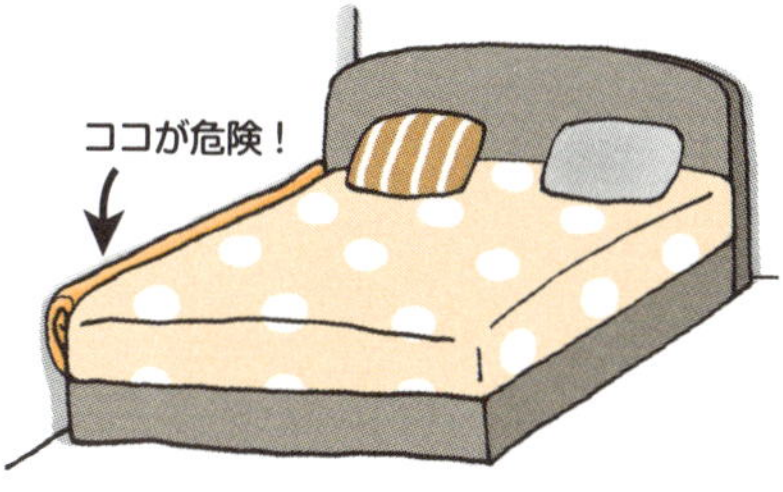

布団の端と、ベッド柵や壁との間にできるすき間に赤ちゃんの顔がはまり、窒息することがあります。すき間にはバスタオルやシーツを埋め込んで、すき間をなくしましょう。

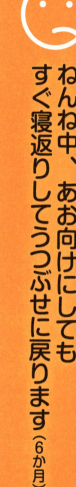

131

夜泣きが始まりました。どう対処したらいい？（8か月）

少しでも楽に乗りきれるように工夫を

夜泣きとは、夜間に赤ちゃんが突然、理由なく泣き始め、なかなか泣き止まないことをいいます。夜泣きの原因は、残念ながら未解明で、こうすればいい、といった対処法もわかっていません。ただ一ついえるのは、いつかは必ず治まるということ。ですから、周囲の手も借りて、少しでも楽に乗りきれるように工夫していきましょう。

夜泣きを乗りきる工夫

1 考え方を変える

夜泣きは期間限定のものと腹をくくって受け入れると、気持ちが楽になります。泣き始めたら「やってきました、夜泣きタイム」と心の中で実況中継。状況を客観視することで、つらいという感情に振り回されにくくなります。

2 夜泣き中の過ごし方を探す

好きな飲み物を飲みながら赤ちゃんをあやしたり、好きな音楽を聴きながら抱っこしたり、少しでも快適に過ごせる方法を探してみましょう。あやすのがつらくなったら、部屋で泣きじゃくるわが子を見守るだけでもOKです。

3 周囲の手を借りる

パパと相談して、夜泣きの対応を当番制にするのも手。シングルママやパパの手が借りられない場合、自治体に相談して産後ケアを受けたり、民間の産後ケアホテルを利用したりすることも検討してみましょう。

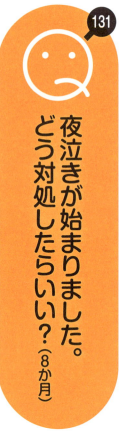

132

部屋を暗くしてもあそびたがるので困っています（2歳）

あそびながら寝かしつけを行いましょう

無理やり寝かしつけようとするとイヤイヤ期に突入した2歳の子はなおさら「寝ない！」と意地を張るもの。そこで寝かしつけも、あそびの一環として行うといいでしょう。ただ、子どもが寝た後で好きなことをしようと目論んでいると、敏感な子どもはそれを察します。ですから、子どもと一緒に寝落ちするつもりで行いましょう。

親子であそびながらできる！寝かしつけルーティン

1 お風呂上がりに飲み物を飲む

お風呂から出たら、ホットミルク、ホットココア、少し温めた甘酒（米こうじ）など安眠効果がある飲み物を一緒に飲みます。子どもが好きなキャラクターのコップで飲むといいでしょう。

2 コップに「おやすみ」とあいさつする

飲み終えたら、「コップさん、おやすみ」とあいさつして、コップを片づけます。最初から子どもにやらせず、まずママが楽しそうに行うと、子どもが自然にまねるようになります。

3 歯をみがく

親子で一緒に歯をみがきます。終えたら歯ブラシにも「歯ブラシさん、おやすみ」とあいさつして、歯ブラシを片づけます。

4 家具にもあいさつしながら寝室に向かう

リビングのテーブルや椅子、ソファなどにもおやすみのあいさつをしながら、寝室へ向かいます。

5 ふれあいあそびで寝かしつける

子どもの耳元でささやくように、本を読み聞かせると、子どもがより寝落ちしやすくなります。頭やおでこ、背中などをやさしくなで、耳元でささやくように子守唄を歌うのもいいでしょう。

ひとことアドバイス

寝かしつけ用のプロジェクターやオルゴールを使うと、相乗効果バツグンです。

133

眠くなるとグズグズ。眠いのに、なぜ寝られないの?（4か月）

睡眠と覚醒の切り替えがまだうまくできません

脳が発達中の赤ちゃんは、大人と違い、睡眠と覚醒をうまく切り替えることができません。そのため、眠いのに寝られずグズグズしますが、そうはいってもいつかは必ず眠りますから、ママやパパは泣きやませようと躍起にならなくても大丈夫。ゆりかごで揺らしながら子守唄を歌うなど、無理のない方法で、赤ちゃんが寝つくのをサポートしてあげましょう。

134

起床時間が朝9時頃。もう少し早起きのほうがいい?（10か月）

朝7時頃に起こすのが理想的です

早起きして朝の光を浴びると、体内時計が整いやすくなります。体内時計が整うと、成長や睡眠に関わるホルモンがたくさん分泌されるため、赤ちゃんの心身が健やかに成長して、免疫力も高まります。ですから、ぜひ早起きを習慣づけていきましょう。10か月なら朝7時頃、起こして授乳することをおすすめ。日中は積極的に出かけて、夕食→入浴→寝かしつけの流れを習慣化していきましょう。

135

寝るのが23時と遅め。15時頃から昼寝する習慣がよくない?（11か月）

昼の離乳食後にひと休みすることを習慣づけては?

生活リズムを整えるには、もう少し早めの時間帯に昼寝するのが理想的。そこで、お昼の離乳食時にママも一緒に昼食を食べ、その後、1時間くらい親子で横になってはいかがでしょうか。11か月なら昼寝なしでもいい月齢ですから、寝なくてものんびり過ごすことができればOK。15時に寝てしまったときは1時間程度で起こして、18時には機嫌よく離乳食がとれるようにしてあげましょう。

136

赤ちゃんは暑がりと聞きますが、服はどう着せたらいい？（4か月）

ママやパパと同じ着せ方をして様子を見て調整しましょう

気温に合わせて衣類を調節する方法もありますが、その都度、気温を確認するのは面倒ですから、ママやパパが半袖なら半袖ととりあえず親と同じ状態にしてみましょう。そのうえで、赤ちゃんの様子をチェック。着せすぎのサインが出ていたら、1枚少なめにするか、薄手の服に替えます。赤ちゃんは体温調節機能が未発達で気温とともに体温が変化しやすいので、冷暖房時は特に様子をよく観察しましょう。

着せすぎのチェック法

赤ちゃんの首から肩甲骨のあたりに手を差し込みます。汗ばんでいたら着せすぎのサイン。顔が赤くほてっているときも着せすぎです。

夏の衣類の着せ方

真夏は、汗を吸い取る綿素材のロンパースやボディスーツなど、薄手の肌着一枚で過ごしましょう。冷房がきついと感じるときは、おなかまわりや足元を大きめのタオルなどで覆います。ねんね中も冷え予防のために1歳児用の半ズボンなどをはかせるといいでしょう。

NG

キャミソールのように首や肩甲骨まわりが布で覆われていない肌着はNG。汗を吸い取る布地がないとあせもが出やすくなります。

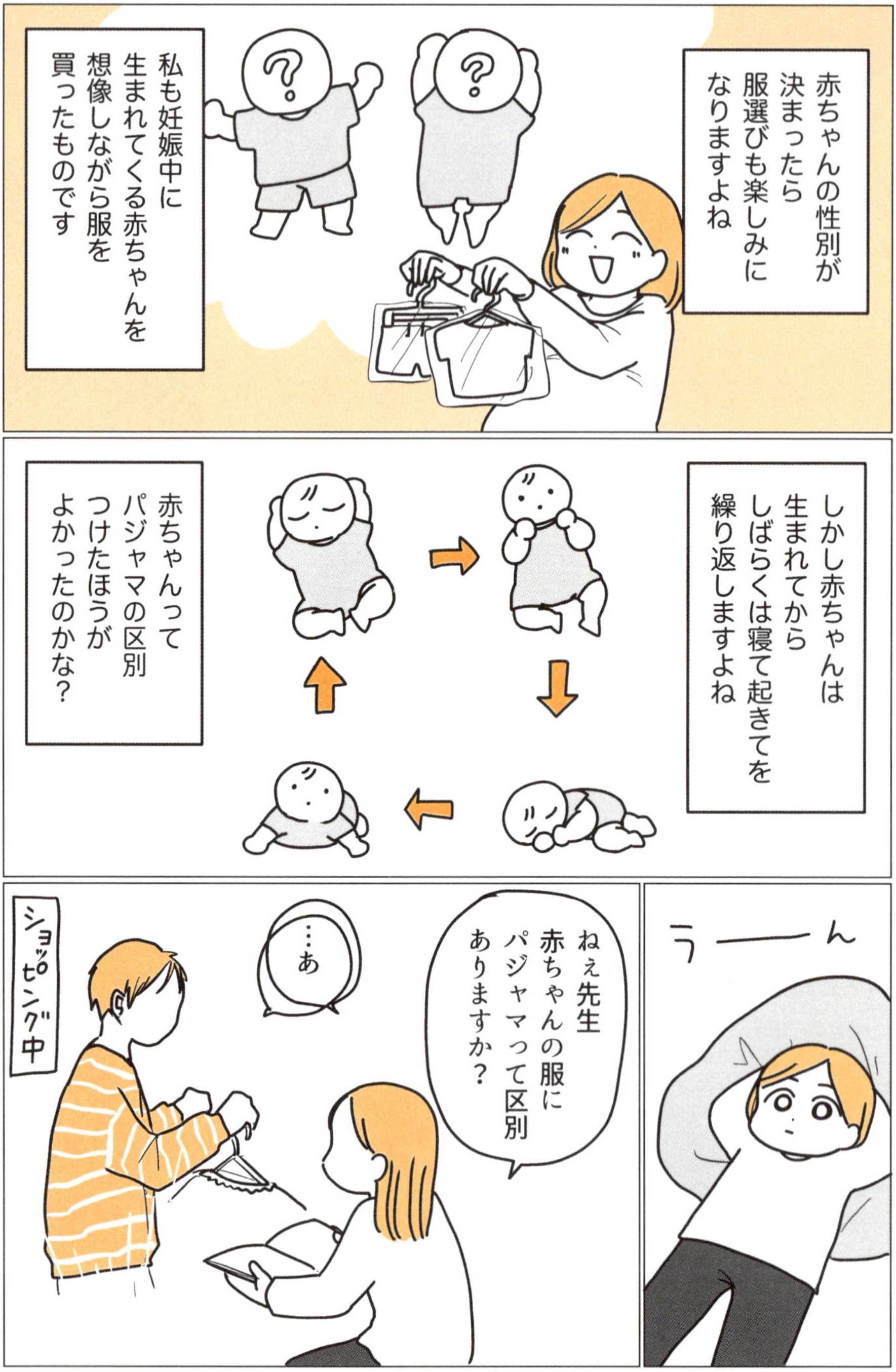
赤ちゃんの性別が決まったら服選びも楽しみになりますよね
私も妊娠中に生まれてくる赤ちゃんを想像しながら服を買ったものです
しかし赤ちゃんは生まれてからしばらくは寝て起きてを繰り返しますよね
赤ちゃんってパジャマの区別つけたほうがよかったのかな？
ショッピング中
ねぇ先生赤ちゃんの服にパジャマって区別ありますか？
…あ
うーーん

137 昼と夜の洋服はいつから区別して着せたらいい？（5か月）

歩き出したら、昼と夜で洋服を区別していきましょう

赤ちゃんが歩き始めたら、ママやパパと同じように、起きたら外出用の服に着替える習慣をつけていきましょう。その中で、出かける場所やこれから行う活動に合った服を選ぶことも教えます。
同時に、夜、入浴して1日の汚れを落としたら、パジャマに着替える習慣もスタート。活動時と睡眠時で着るものを替えることで生活リズムも整いやすくなります。

乳児期の間は汚れるたびに着替えを

ミルクを吐いたり離乳食をこぼしたり、おむつから便や尿がもれたりして洋服が汚れやすい乳児期は、その都度、こまめに着替えることが何より大切。服は赤ちゃんにとって着心地のいい綿がおすすめです。ママやパパが着脱させやすいものを選びましょう。

ひとことアドバイス

1～2歳になると、好みがはっきりしてくる子がいます。その場合、好きな洋服を選ばせてあげると、お出かけすることがより楽しくなり、センスもみがかれます。

138

寒いのに、掛け布団を蹴ってはねのけるので心配です

（5か月）

スリーパーを着せて冷えを予防しましょう

寝返りする前なら、掛け布団の両端を敷布団の下に挟み込むだけで、布団がずれにくくなります。寝返りが始まり赤ちゃんの動きが活発になったら、ひざ下まで覆う※スリーパーを着せると安心。歩き出すと、ねんね中の赤ちゃんの動きはさらに活発になり、寝返りを打ってあちこちに転がるようになります。おなかと腰が冷えないように、腹巻をつけるのもいいでしょう。

139

足が冷たいときは靴下をはかせたほうがいい？

（6か月）

素足で過ごすと発達が促されるので、室内なら靴下は不要

赤ちゃんの手足は冷たいのが通常の状態で、眠くなると温かくなります。ですから室内で過ごしているときは、足が冷たくても靴下をはかせる必要はありません。素足で過ごすと発達にもいい影響があります。足指を自由に動かすことで床や布団を蹴り、足や足首が鍛えられ、足裏の感覚や脳の発達が促されます。赤ちゃんの足が冷たいと感じたら、足をやさしくもんで刺激するのもいいでしょう。

140

寝汗で服がしめっていたら、起こして着替えさせるべき？

（10か月）

風邪やあせもの原因になるので着替えさせましょう

寝汗で濡れた服やパジャマのままで眠り続けると、体が冷え、風邪をひいてしまうことがあります。濡れた服はすぐに脱がせて、汗をやさしく拭き取り、新しい服に着替えさせましょう。汗をよくかく子の場合、肌着と背中の間にはさんで汗を吸い取る汗取りパッドを活用するのもおすすめ。ねんね中でも取り替えやすいよう工夫されているので、とても便利です。

※スリーパー…布団とパジャマの機能を備えた赤ちゃん用寝具

141 耳まわりはどうやって洗えばいいの？（0か月）

汚れやすい部位はベビーソープで洗いましょう

耳たぶのひだと耳の裏側は汚れがたまりやすいため、泡立てたベビーソープで洗います。背面からシャワーで洗い流したら、タオルで押さえ拭き。耳たぶと耳の穴の入り口の水分は、綿棒でそっとぬぐい取ります。このとき耳の穴の中に綿棒を入れるのはNG。耳あかを押し込む恐れがあります。耳あかは6か月を過ぎたら、耳鼻科で掃除してもらいましょう。耳垢栓塞《じこうせんそく》が原因の難聴予防にもなります。

142 鼻の奥に鼻くそがあるけど、どうやって取ればいい？（0か月）

泣いたときに鼻水と一緒に取りましょう

綿棒でかき出そうとすると、鼻の粘膜を傷つけ、鼻出血させてしまう恐れがあります。ですから、無理に取るのは、絶対にやめましょう。おすすめは赤ちゃんが泣き出したときに取り除くこと。泣くと鼻水で鼻くそが動き、鼻の入り口付近まで出てきます。それを手でつまんで取るか、大人用の綿棒をくるくる回すように動かして、鼻水ごと巻き取るといいでしょう。

Q27（P41）参照

143 髪を切りたいけど赤ちゃんが動くので怖くて切れません（7か月）

赤ちゃんがねんね中にカットしましょう

赤ちゃんがねんね中に髪を切る方法があります。赤ちゃんが熟睡したら、頭の下に新聞紙か包装紙を敷きます。顔を横に傾けて、サイドの髪をヘルメットの形をイメージして一気にカット。反対側も同様にカットします。切った髪は、そのまま包装紙に包んで捨てましょう。仕上げはパパなどの手を借ります。ひざの上に赤ちゃんを座らせて、後方から頭部を固定してもらってから、正面と後ろの髪をカットして整えましょう。

144 顔と頭を洗われるのが苦手で入浴を嫌がります（1歳6か月）

洗い方を工夫して、お風呂を楽しい場所にしましょう

子どもが楽しく安心できる状態で顔と頭を洗ってあげましょう。「お風呂＝幸せを感じる場所」にすれば恐怖心は徐々に和らいでいくはずです。

洗顔を嫌がる子の洗い方

あそびの中で楽しみながら、少しずつ顔に水がかかる経験を積ませていきましょう。

6か月以降の赤ちゃん

片手で後方から抱き抱え、もう一方の手にお湯をためて、額からあごに向けてお湯を流す感じで一気に洗い流しましょう。

シャワーを上に向けて「噴水だよ」とあそびながら、少しずつシャワーを顔に近づけて、お湯がかかることに慣れさせます。湯船でお湯をパシャパシャたたいたり、お湯をかけあったりするのもいい方法です。

洗髪を嫌がる子の洗い方

顔に泡やお湯がかからない洗髪方法を2つ紹介します。どちらも子どもが安心できるように、体を密着させるのがポイント。歌を歌ったり、「いいこね」「えらいね」と言葉かけしたりしながら洗ってあげましょう。

その1　抱っこ洗い

向かい合わせの状態で、子どもをひざの上に座らせます。子どもに目を閉じてもらい、下を向かせて洗髪。そのままシャワーで一気に泡を流します。

子どもが怖がって離れようとしたら、ギュッと抱きしめて「大丈夫。すぐ終わるよ」と励ましましょう。

その2　ねんね洗い

あぐらを組んで、子どもをあお向けに寝かせ、ひざから子どもの頭がはみ出る状態にします。美容院で洗髪してもらうときの要領で、顔に泡やお湯がかからないように洗髪。シャワーで一気に泡を流しましょう。

NG

「じっとして」と怒ったり、無言で洗ったりするのはNG。
お風呂が楽しい場所ではなくなってしまいます。

ひとことアドバイス

タオルが持てる子の場合、自分でタオルを持たせて、目を覆わせるといいでしょう。

145

赤ちゃんのいる部屋で掃除機をかけてもいい?

（0か月）

最新の掃除機なら問題なく使用できます

掃除機の使用で心配なのは、音で赤ちゃんが目を覚ましたり、排気に含まれるほこりを吸い込んだりすること。しかし最新の掃除機は機能が目ましく進化していますから、静音設計で空気清浄機能つきのものを選べば、赤ちゃんのいる部屋でも問題なく使用できます。古いタイプの掃除機しかない場合は、ママかパパが赤ちゃんと散歩に出かけたり、赤ちゃんを別室に移したり、おんぶしながら掃除機をかけたりするといいでしょう。ほこりやダニはアレルギーの原因になりますから、週に1～2度は掃除機でしっかり掃除しましょう。

146

冷房が苦手。29度の温度設定だと赤ちゃんには暑い?

（1か月）

冷房以外の暑さ対策を併用しましょう

赤ちゃんがいる場合、冷房時のエアコンの温度設定は26～28度が目安とされ、外気温との差を5度以内に抑えるのがいい、といわれています。エアコンの冷房が苦手なママやパパはエアコンは29度設定にして、他の方法で赤ちゃんの暑さ対策をしてはいかがでしょうか。今は赤ちゃんの暑さ対策グッズが改良され、次々と新商品が販売されています。例えば冷感素材の敷パッドや冷却ジェル枕、赤ちゃんにやさしい扇風機などを利用して心地よい環境づくりをしてみましょう。

147

はいはいで活発に動くように。事故防止のポイントを教えて（10か月）

事故防止対策とともに緊急連絡先の登録を

乳幼児の死亡原因の1位は家庭内で起こる事故です。事故防止対策をするのはもちろん、さっきまで起きていた赤ちゃんが静かなときは、事故を未然に防ぐためにすぐ赤ちゃんの様子を確認しましょう。万が一、事故にあっていたらパニックになり緊急連絡先が思い出せないこともあります。119番や医療機関などの緊急連絡先は事前に携帯に登録しておきましょう。

はいはいを始めた赤ちゃんの事故防止対策

1 転落

階段や玄関、ベランダなどの段差は危険ですから、そちらに行けないようにベビーゲートを設置。ベビーベッドに寝かせる場合、柵は必ず上げておき、ソファには1人だけで寝かせないようにします。

2 浴室での溺水

赤ちゃんが1人で入らないように、浴室には必ず鍵をかけます。

3 手をはさむ事故

扉を開けるとき、そばに赤ちゃんがいないかを必ず確認。抱っこやおんぶしながらドアを開けるときも、赤ちゃんの手の位置を必ず確認しましょう。

4 やけど

炊飯器などの蒸気や本体に触れたり、コードやテーブルクロスを引っ張り、熱いものが落下したりして、やけどする事例があります。手の届かない位置に炊飯器などを置き、コードは隠す、テーブルクロスは敷かないなどの事故対策を。

5 誤飲、窒息

39㎜×51㎜の楕円形に入るものは、赤ちゃんを窒息させる危険性があるので、手の届くところに置かないようにします。タバコ、医薬品、電池など飲み込むと危険なものも同様に手が届かない場所に保管しましょう。

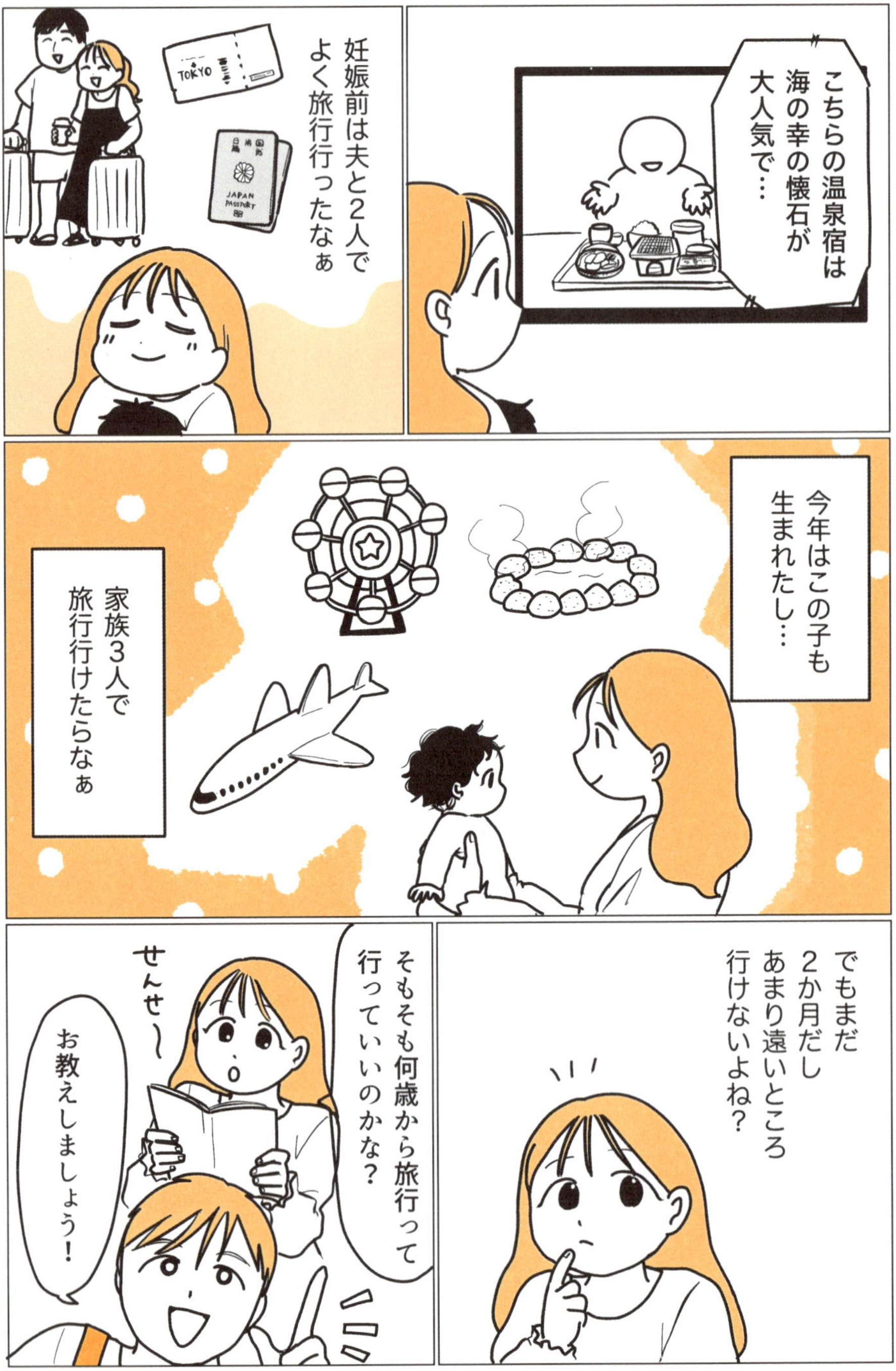
こちらの温泉宿は
海の幸の懐石が
大人気で…
妊娠前は夫と2人で
よく旅行行ったなぁ
TOKYO
JAPAN PASSPORT
今年はこの子も
生まれたし…
家族3人で
旅行行けたらなぁ
でもまだ
2か月だし
あまり遠いところ
行けないよね？
そもそも何歳から旅行って
行っていいのかな？
せんせ〜
お教えしましょう！

148

旅行はいつから行ってもいいのでしょうか？（2か月）

明確な決まりはありません。しっかり準備して出発を

旅行可能な月齢について明確な決まりはありません。首がすわる3～5か月以降が一つの目安ですが、産後すぐ遠方の実家に帰省するママもいます。大切なのは、快適な旅となるように交通手段やスケジュールを十分に検討して、準備すること。ここでは注意点などを紹介します。

移動手段ごとの注意点

車の場合

- チャイルドシートは乗り心地がよく、安全性の高いものを選択。
- 渋滞情報を確認。渋滞が予想される日時は避けましょう。
- 授乳室やおむつ交換場所など、パーキングエリアの設備を事前にチェック。
- 夏はチャイルドシート用保冷剤やマットをつけるなど涼しい環境づくりを。

新幹線や飛行機の場合

- 待合室や多目的トイレなど、駅や空港の設備を事前にチェック。
- 乳幼児向けのサービスをサイトや電話で確認。飛行機は飲み物、ミルク用の白湯やおもちゃの提供がある場合も。
- 授乳やおむつ替えを想定して、席を予約することをおすすめ。

新幹線…授乳ができる多目的室や、おむつ替えができる多目的トイレの近くの席を予約。
飛行機…人目につきにくい奥側の席を予約。授乳ケープなどを持参して授乳を。

移動中のグズグズ対策

空腹の状態に近づけておき、乗る前は体を動かすあそびを行います。乗ったらすぐ授乳すると、多くの赤ちゃんは寝落ちします。乗車時間を、普段お昼寝している時間に合わせるのもいい方法。お気に入りのおもちゃやおやつも持参しましょう。

ひとこと アドバイス

旅先で病気になるかもしれませんから、おむつやミルクなどだけでなく母子手帳と健康保険証、体温計も持っていきましょう。

149 ベビーカーを嫌がります。慣れさせる方法を教えてください（5か月）

楽しんで乗れるように工夫しましょう

「外出するときはベビーカー」と習慣づけることが大切。楽しみながら乗れるように、噛んだり持ったりできるおもちゃをベビーカーに取り付けましょう。乗せるときは赤ちゃんが周囲を見渡せるように、ベビーカーの背もたれを直角に近い角度まで起こして、鳥や犬など動物や、近い年代の子どもがいる公園など、いろいろな景色を見せてあげるといいでしょう。

150 旅行中は離乳食をどのようにあげたらいい？（6か月）

食べさせるなら衛生面に十分注意を

6か月なら離乳食後に欲しがるだけ授乳していい時期ですから、1泊程度なら離乳食をお休みして授乳のみで済ませても大丈夫。離乳食をあげる場合は、衛生面に十分に注意しましょう。手作りの離乳食は保冷剤で冷やしても悪くなる恐れがあるので、市販のベビーフードを利用することをおすすめ。食べ残しは廃棄して、その都度、新しいものを食べさせましょう。

151 外出時に靴下をすぐに脱いでしまう（9か月）

足首より上の、丈が長めの靴下をはかせましょう

赤ちゃんの足は小さく、足首との境目も大人ほどはっきりしていません。そのため、靴下は締め付けのない小さな袋のような構造で、足をバタつかせたり、あそんで引っ張ったりすると、すぐに脱げてしまいます。これを防ぐためにおすすめなのが、クルーソックスなど足首より上の、丈が長めの靴下。ズボンのすそに靴下をかぶせてはかせるのもいいでしょう。

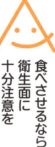

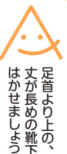

152 帽子を嫌がりかぶってくれません（1歳3か月）

嫌がる原因がないかチェックしてみましょう

蒸れや締め付け感など、帽子を嫌がる何らかの原因があるかもしれません。次の点をチェックしてみましょう。

- **素材…夏用なら汗の吸収性、通気性**
  冬用なら暖かさ、チクチク感を確認
- **サイズ…ブカブカではないか、きつくないか**
- **あごひも…きつくないか**

これらをクリアしていて、赤ちゃんが好きな色やキャラクターの帽子ならかぶってくれるかもしれません。

帽子をかぶせるための３つのテクニック

１歳代になり自我が強くなると、無理にかぶせられたり、「かぶりなさい」と言われたりすることを嫌がります。自分でかぶりたくなるように工夫をしましょう。

1 帽子は素敵とアピール

ママやパパが子どものために買った帽子や自分の帽子を楽しそうにかぶります。人形やぬいぐるみにかぶせてみるのもおすすめ。

2 頭に物をのせてあそぶ

頭にかぶること自体を嫌がる場合は、タオルなどをのせるあそびからスタート。慣れたら帽子を導入します。

3 駆け引きしてみる

「帽子をかぶったら公園に行けるよ」「〇〇（帽子についているキャラクター）が一緒に行きたいって言ってるよ」など、駆け引きしてみるのもいいでしょう。

ひとことアドバイス

何かのタイミングで一瞬でも帽子をかぶってくれたら、「かわいい」「かっこいいね」とたくさんほめましょう。

153

歩けるようになったのに外で靴をはかせると歩きません（1歳5か月）

靴から他のものに気持ちを切り替えるサポートを

靴をはいて歩くのは、赤ちゃんにとってはじめての経験。その感覚に戸惑い、気をとられて動けなくなるのは、自然なことといえます。

しかし、赤ちゃんが動かないからと、ただ単に見守っていると、赤ちゃんは靴に気をとられたままとなりがち。

そこで、あそんだり他のものに注目させたり、靴から気持ちを切り替えられるようにサポートするといいでしょう。

靴から気持ちを切り替えるテクニック

赤ちゃんが靴をはいたらすぐ「たかいたかい」しながら1回転したり、揺らしたりします。そのまま抱っこして、公園、電車や動物が見える場所など、赤ちゃんが関心をもちそうなところにすぐ移動。「ワンワンいたね」などと他のものに注目させると、靴のことなど忘れて歩くことがあります。

ひとこと アドバイス

靴のはき心地が悪い場合もあるので、サイズが合っているかもチェックしましょう。

第6章

ママ自身のこと

親になったからこそ、
生まれる悩みも
たくさん！

ワンオペ談義
ワンオペのとき どうやって過ごしてるの？ みんな
私はぐっちゃんのときは ひたすら寝る子だったから… ひたすら漫画描いてたなぁ
もものときは もう忙しすぎて 覚えてないな… ももは抱っこマン だったから…
ままー みてー ままー みてー まま
私はよく兄妹連れて ショッピングモールで お散歩してるよ
ベビールームあるし
長男だけのときは アニメが好きだから 息子が寝るたびに 1話ずつアニメ 消化していってたよ
今日は7話～

みくは？

私は夜泣き対応で寝不足だから、とにかくかりんちゃんが寝たタイミングでぐっすり寝てる！

パパが夜勤でいない日も多いのもあって日中家事は全部してくれるんだ
起きたらたべてね
いいね〜!!!

問題はお風呂…時間的にワンオペで入れることになるんだけど
入るタイミングはどうしたら？いつ自分を洗えば？待機場所はどこに？難しすぎるんだけど！

わかる〜!!!

というわけで先生ワンオペのお風呂ってどうしたらいいんですか？

あらっあなたたちお茶会!?

うらやましいわっ

154

ワンオペで自分の入浴時間がうまくとれません（1か月）

ねんね中やご機嫌タイムに様子を見ながら入浴しましょう

赤ちゃんには赤ちゃん自身の生活リズムがあります。お世話しながら、時計を確認すると授乳やねんねだけでなく、機嫌がいい時間、グズグズする時間がだいたい同じとわかるはず。そこでワンオペのママは、ねんねやご機嫌タイムを狙って次のように入浴するといいでしょう。

ワンオペママの入浴方法

赤ちゃんが寝ている、またはご機嫌な時間に入浴します。赤ちゃんをベビーラックやねんね布団などにのせたまま、お風呂の入り口付近にそーっと移動。赤ちゃんの様子を確認できるように、ドアを開けて入浴しましょう。

ひとことアドバイス

赤ちゃんのねんねやご機嫌タイムは、ママも横になって休んだり、動画サイトを見ながら産後向けのヨガをしたり。ママの心身を癒す時間にしましょう。

Q 155 手首を動かすと、痛みがあります。どうしたらいい？（1か月）

A 腱鞘炎《けんしょうえん》の可能性が。正しい抱っこの仕方を確認しましょう

新生児の頃に起こりやすいトラブルの一つが腱鞘炎。首がすわっていない赤ちゃんの頭を抱っこで支えるうちに、手と手首に負担がかかり、痛みや腫れなどの症状が出ます。ひどくなると、物を持つことも難しくなりますから、軽い痛みのうちに病院で診てもらうことをおすすめ。同時に抱っこの仕方を確認。手首に負担をかけない抱っこ方法をマスターしましょう。

正しい抱っこの仕方

横抱きの場合

片手を赤ちゃんの頭の下から背中へと差し込み、ひじの内側で赤ちゃんの頭を支えます。もう一方の手を赤ちゃんの股の間から差し込み、お尻を支えたら、赤ちゃんの体を引き寄せて密着させましょう。

手で頭を支える場合

赤ちゃんの頭を手のひら全体で支え、手首はまっすぐに保ちます。

正しい縦抱きの方法はQ8（P27）をチェック！

156

抜け毛がひどいのですがいつか止まる？
（2か月）

月経が再開する頃には、治まるといわれています

産後は、ホルモンバランスの乱れや母乳を与えることによる栄養不足、疲労やストレスなどが原因で、抜け毛がひどくなることがあります。しかし、これは一時的なもの。月経が再開する頃には、妊娠前の髪や肌に戻るといわれていますから、心配する必要はありません。これ以上の悪化を防ぐために、低刺激のシャンプーで洗髪したり、頭皮をやさしくマッサージしたりするといいでしょう。栄養不足も一因ですから、たんぱく質を中心に栄養バランスのいい食事をしっかりとることも大切です。

157

母乳だけど体重が戻らない。ダイエットしていい？
（6か月）

食事制限するダイエットはNG。栄養豊富な食事と運動で健康な体づくりを

食事を制限するダイエットは、たとえやせたとしても、筋力の低下や貧血、イライラなど心身に悪影響を及ぼします。ですから取り組むなら、健康な体づくりにつながる方法を選びましょう。そのために心がけたいのが、栄養豊富な食事と運動。食事は和食中心で、甘いものを食べたいときは和菓子を選択します。腕、足や脇腹、腰など気になる部位をこまめにストレッチしたり、老廃物排出を促すリンパマッサージをするのもおすすめ。立っているときに下腹と肛門を引き締めれば、骨盤底筋群が鍛えられます。できることから無理なくはじめてみましょう。

158

やりたいこともできず、変化のない日々をつらく感じます（1か月）

「どうしたら実現できるか」に意識を向けてみては

「やりたいことができない」という思いがあるのは、逆にいうと、何か明確に「したいこと」があるということ。産後は精神的に不安定になりやすく、「できない」ことに意識が向きがちですが、「どうしたら実現できるか」を考える方向に気持ちを切り替えてみるのはいかがでしょうか。そのための方法を次に紹介するので赤ちゃんが寝ている間などに気分転換としてぜひ試してみてください。

変化のない日々がつらくなったら

1 今、やりたいことを書き出す

「今、やりたいこと」を思いつくままにリストアップしていきます。「散歩に行きたい」「ぐっすり寝たい」といった小さなことでかまいません。人とは不思議なもので、思っていることを書き出すだけで、もやもやする感覚がクリアになり、気持ちが整理されます。

2 できない理由と実現するための方法を考える

やりたいことがなぜできないのか、実現するために何が必要かなどを書いていきます。例えば「赤ちゃんと旅行に行きたい」なら、次は親子で快適に過ごせる行き先や必要なものを調べてみます。その作業の中で「時間さえ経てば、無理と思っていたことが解決する」と腑に落ちてスッキリすることもあるでしょう。

3 できることは実行する

「カフェに行きたい」などパパや祖父母に相談したら実現できそうなことは、交渉して実現させましょう。産後サポートを利用するのも「あり」です。漠然とした思いを具体的な行動へとつなげることで、前向きな気持ちが復活するはずです。

159

泣き続けられると苦しくなり放り出したくなります

（2か月）

泣かせっぱなしでも大丈夫。いったん離れて深呼吸を

ホルモンバランスの乱れや寝不足、育児疲れなどが原因で、産後のママは精神的に不安定になりやすい状態にあります。一番いいのは、パパや祖父母など周囲に気持ちを伝えてお世話を交代してもらい、ゆっくり休んだりリフレッシュしたりすること。母子ショートステイなど行政が実施している産後ケアを受けるのもおすすめです。また、赤ちゃんが泣きやまず苦しくなったら、いったん赤ちゃんから離れてもOK。15分ほど泣かせっぱなしでも大丈夫ですから、赤ちゃんを安全な場所に寝かせて、ママは離れた場所で深呼吸。気持ちを落ち着かせましょう。

160

仕事をやめたことを後悔。社会から取り残された気分に

（4か月）

今、経験していることが次のステージに進むための糧となります

退職したことで、仕事が好きと再確認できたのは、実はすばらしい気づき。その思いを生かして、将来は仕事復帰するという目標を立ててはいかがでしょうか。そう考えると、今はその充電期間と捉えることができます。産院を選んだり赤ちゃんグッズを買ったりしたことは、選ぶ側の思いを知る貴重な経験。また今後も赤ちゃんの成長に伴い、新たな経験や出会いがあります。社会から取り残されているわけではなく、新たな世界が広がっていくのです。今をどう生きるかは自分の選択次第。経験を人生の次のステージに進むための糧としていきましょう。

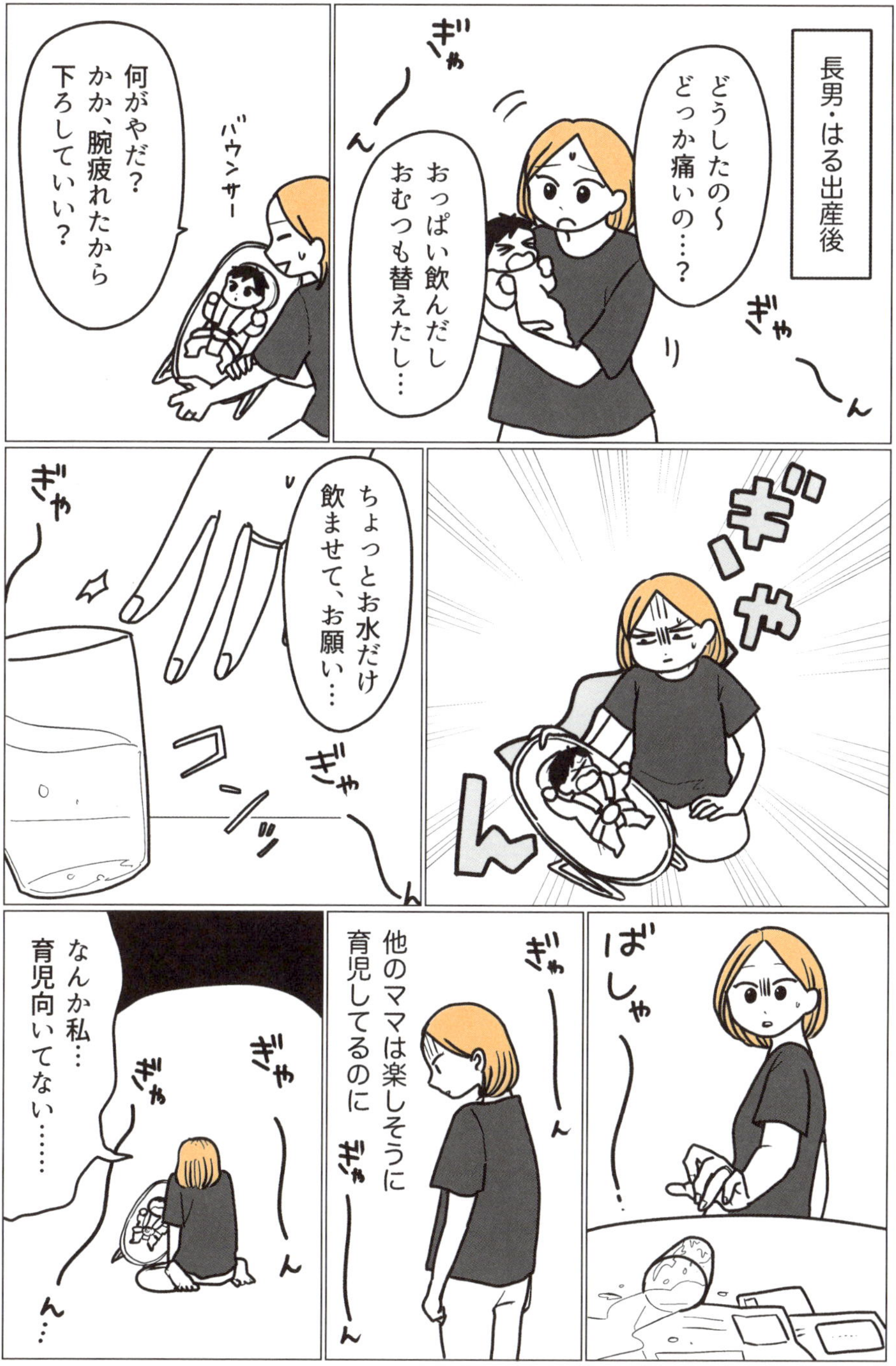
長男・はる出産後
どうしたの〜
どっか痛いの…？
ぎゃ〜ん
ぎゃ〜りん
おっぱい飲んだし
おむつも替えたし…
何がやだ？
かか、腕疲れたから
下ろしていい？
バウンサー
ギャ〜ん
ちょっとお水だけ
飲ませて、お願い…
ぎゃ〜
コンッ
ぎゃ〜ん
ぱしゃ…
ぎゃ〜ん
他のママは楽しそうに
育児してるのに
ぎゃ〜ん
なんか私…
育児向いてない……
ぎゃ〜ん
ぎゃ〜ん…

161

育児書どおりに育児できず、人と比べては落ち込みます（5か月）

赤ちゃんが健やかなら育児書どおりでなくても大丈夫

赤ちゃんが健やかに育っているなら、本来、落ち込む必要はありません。しかし、それでも育児書やインターネットを見て不安になったり、他の赤ちゃんと比べて落ち込んだりするママは、めずらしくありません。落ち込むだけでなく、無気力や極度の疲労感、食欲不振や過食、不眠などの症状がある場合、産後うつ病の可能性もあるので、心療内科などを受診しましょう。一時的な落ち込みなら次のことを試してみるといいでしょう。

落ち込んだ気持ちを切り替える方法

① 子育て広場などに出かける

子育て広場や子育て支援センターに思いきって出かけてみましょう。育児に関するどんな小さなことでも相談に乗ってもらえますから、不安に感じていることを話すといいでしょう。他のママと自分を比べてしまって落ち込むなら、事前に電話などで空いている時間帯を確認すると安心。とはいえ、実は同じ悩みを抱えているママは少なくありません。子育て広場に行くことは、そういうママと出会うチャンスにもなります。

② 積極的に体を動かす

ウォーキングなど運動には、気持ちを晴れやかにして、うつ病を防ぐ効果があることが研究によって確かめられています。気分転換のためにも、積極的に赤ちゃんと外出しましょう。

162

手伝ってくれるパパやばあばになぜかイライラして当たってしまう

（0か月）

今はイライラしやすい時期であることを伝えておきましょう

産後間もない頃にイライラしがちになることを近年は「ガルガル期」と呼ぶようです。産後はホルモンバランスが急激に変化するため、イライラしたり落ち込んだりしやすくなりますから、家族にそのことを伝えておくといいでしょう。その際「手伝ってくれてありがとう」と感謝も伝えておくと、周囲も「今はそういう時期」と温かく見守ってくれるはずです。

163

育児に関して指示待ちの夫。どうしたら変わる？

（3か月）

作業の一部だけでなく一連の工程すべてを任せましょう

指示をすれば動いてくれるのなら、一部だけを手伝ってもらうのではなく、一連の作業をすべて担当してもらうことから始めてみては。例えば、ミルクなら与える時間がだいたい決まっていて、作り方も缶に明記されています。決まった時間にミルクを作って授乳してほ乳びんを洗う、すべての工程を任せてみましょう。離乳食も休日の1回分をお任せしてみては。

164

育児で疲れてパパに触られるのも嫌と感じます

（6か月）

自分の状況や気持ちを具体的に伝えましょう

仕事に追われ、育児の大変さがわからないパパもいます。ですから触られるのが苦痛なら「細切れで5時間ほどしか寝られないから体調が悪い」「もし触れあいたいなら、この時間だけは子どもを見てほしい」と今の状態と要望を具体的に伝えるといいでしょう。育児の大変さによって夫婦の危機を迎えることのないように、しっかり気持ちを伝えていきましょう。

165

ばあばがお菓子やジュースをやたら与えるのに困っています

（1歳2か月）

感謝の言葉とともにママの考えをはっきり伝えましょう

義父母には言いにくいかもしれませんが、「いつも子どもをかわいがってくれてありがとうございます」と感謝の言葉から入り、ママの考えをはっきりと伝えましょう。与えたくない理由は様々あるでしょうが、「虫歯が心配」「お菓子やジュースで満腹になって、食事をとってくれない」と成長や健康のために望ましくないことを伝えれば、祖父母も理解してくれるはず。万が一、それで祖父母との間に距離が生まれたとしても、子どもを健やかに育てる責任を負うのは親です。考えの違いがストレスになるなら、会う回数を減らしてもよいと思います。

166

公園に行ってもママ友の輪に入れません

（1歳4か月）

輪に入れないと悩む必要はなし。公園を楽しむことを最優先しましょう

公園や子育て広場で見かける人間関係の輪に入れば、楽しさもあるでしょうが、まわりに合わせなければならないわずらわしさも味わうことになります。ですから、私はママ友の輪に入らなくてもいいと考えています。行きたい場所に出かけ、そこでたまたま出会ったママと少し会話して、帰りたい時間が来れば帰る、それで十分。そうするうちに特定のママと話が合い、お茶する関係になるかもしれません。人とのご縁は無理にではなく、自然に生まれるものですから、公園ではママと赤ちゃんが楽しく過ごしてリフレッシュすることを最優先しましょう。

第7章 ワーキングマザーの悩み

仕事と両立しながら、Happyに子育てしたい！

次男・もも1歳
保育園に入れることにしました
ぐっちゃんの幼稚園に併設されてる保育園に入れたいなー
家から激近
人気の園なので来年まで埋まってます
できれば○○町で通わせたいんですが…
あー…それでしたら
こちらの「ヨークシャテリア保育園」が申し込み可能で…それ以外は隣町になってしまいますね
しなやかな
育む
認可外？
認可園です！しかし小規模です

ぐっちゃんと同じ園通わせるんだ～
ガラ…
ガラガラ
ハイ
考えてみます…
ぐっちゃんとももの送迎が別々になるのか…しかもおすすめされた園じゃないと隣町になる…
A園
B園
ぐっちゃん
もも
自宅
or
～隣町～
C園
もも
A園
ぐっちゃん
自宅
パパにももの送迎してもらって私がぐっちゃんの送迎をする?
おまけにおすすめされた園は小規模保育園…
3歳になったらぐっちゃんの園に転園させることになるのか…
あ～～～保活って…
育児って一筋縄でいかないなぁ
とぼ
とぼ

167

保育園探しではどこをチェックしたらいい？（6か月）

自宅から近く、考え方が近い園を探しましょう

働きながら楽しく子育てするためには安心して赤ちゃんを預けられる保育園を選ぶことが、とても重要。そこで、次の五つの点を中心に調べ気になった保育園には実際に足を運んで見学させてもらうといいでしょう。

保育園のチェックポイント

① 自宅からの距離

保育園の送迎では着替えやおむつなど、大量の荷物を持ち運ばなければならないことがあります。天候の悪い日もあるでしょうから、送迎する距離が短いにこしたことはありません。近い保育園なら、体調が悪いときや災害時も早くお迎えに行けます。

② 教育方針

教育方針が自分たちの考えと異なると、「もっとこうしてほしい」「なぜこんなことをするの？」と思うことが増え、ストレスになります。日々の保育のあり方、運動会や発表会など行事への取り組み方などを確認しましょう。

③ 「食」に対する考え方

子どもの成長や健康維持に必要不可欠なのが、栄養豊富で安全な食事。給食やおやつをどのように作っているか、アレルギー対策はしてくれるか、食育への考え方などを確認しましょう。

④ おもちゃや教材

普段、子どもが目にしたりふれたりするものは、その子の知性や感性、情緒に影響を与えます。天然素材のおもちゃなどを取り入れている園なら理想的です。

⑤ 保育士の子どもへの接し方

言葉づかいや子どもの気持ちへの寄り添い方を確認しましょう。

Column

希望した園に入れなかったら

地域によっては、希望の保育園に入れない場合もあるでしょう。私自身、息子が希望の保育園に入れず、自治体窓口に「今の園は遠い」と訴え続け、ようやく希望の園に転園できた経験があります。あきらめずに希望を出し続けることは、とても大切。また希望の園でなくとも、保育士と連絡を取り合い、子どもについて知ってもらうことで、よりよい保育が受けられるはずです。

168

持ち物の準備以外で入園前にしておくといいことはある?（10か月）

朝の支度がスムーズに進むように家事育児の役割分担を決めては

仕事復帰すると、自分たちの支度や赤ちゃんを送り出す準備で朝が非常に慌ただしいものとなります。どの作業を誰が行うか、家事や育児の分担をあらかじめ夫婦で決めておきましょう。また、赤ちゃんは出発間際にグズったりうんちしたりすることがありますから、余裕をもって出発できるように、家族全員が早起きに慣れておくことも大切。送迎も悪天候だったり赤ちゃんがグズったり、スムーズにいかない日があるもの。仕事復帰する前に、自宅→保育園→職場と移動する予行演習をして、トラブル時はどうするかのシミュレーションもしておきましょう。

169

園に通い始めると病気にかかりやすいと聞き、心配です（1歳4か月）

家族全員で免疫力を維持する生活を心がけましょう

免疫力を高めることで、病気に感染しにくくなり、たとえ感染しても重症化を防ぐことができます。そのために必要なのが、①**栄養バランスのいい食事**②**睡眠**③**適度な運動**の3つ。赤ちゃんは保育園でしっかり運動してきますから、家庭では質のいい食事と睡眠を心がけます。手洗い、うがい、換気などの衛生管理をしっかり行うことも大切。家族の中で咳や鼻水など風邪の初期症状が出た人がいたら、家族内の感染もありえます。その人だけでなく、全員がたんぱく質や野菜がたっぷり入ったおじやなどを食べ、早く寝て免疫力の維持に努めましょう。

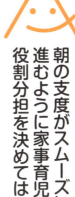

170

保育園入園前に卒乳しておくべき？（6か月）

卒乳は親子とも保育園に慣れてからで大丈夫

赤ちゃんにとって、保育園はとてもハードな世界。はじめての環境で、たくさんの赤ちゃんに囲まれることが、家庭では経験のなかったストレスや刺激となり、グズグズや夜泣きがひどくなる子もいます。ママにとっても久々の職場は緊張や不安でいっぱい。それで心身ともに疲れ果てているときに、グズられたり夜泣きされたりするのは、非常につらいものですがそんなときに母乳を与えることができると、母子ともに非常に助かります。ですから、卒乳は保育園に慣れてからで十分。あわてて卒乳する必要はありません。

通園開始後の母乳の与え方

お迎え後にすぐ授乳

お迎えに行ったら、保育園の隅や送迎の車の中、帰宅してすぐなどに、赤ちゃんが飲みたがるだけ飲ませてあげましょう。親子ともにホッと一息つける時間となり、その後も余裕をもって買い物や夕飯の支度ができます。

夜は添い乳で早寝

帰宅して食事と入浴をすませたら、添い乳しながら早寝すると疲労回復が早まります。忙しい1日の最後に添い乳することは、赤ちゃんとママにとって癒しの時間となることでしょう。※添い乳はQ92（P102）参照。

171

保育園に通いながら卒乳する方法を教えて（1歳）

授乳回数が減ることで親子ともに自然に卒乳できます

保育園に通い始めると、授乳回数が減るため母乳の分泌量は自然に減っていきます。最初の頃はおっぱいが張りやすいため、職場での圧抜きが必要となるでしょうが、それをくり返すうちに、母乳の分泌量が減り、圧抜きの回数も減っていくでしょう。

一方、お子さんも保育園で体力を消耗するため、夕食後に入浴して水分補給のための飲み物を飲んだら、母乳を飲むことなく寝落ちする日が出てくるはず。そのタイミングで卒乳しましょう。

職場での圧抜きの方法

おっぱいが張って痛くなったら、更衣室などに移動して圧抜きします。やり方は Q101（P113）を参考にしてください。搾る量ですが、たくさん搾りすぎると再びおっぱいが張ることがあります。ですからおちょこ2杯分くらいにとどめるか、張りが少し楽になったと感じたところで終えましょう。

ひとことアドバイス

お乳の張りが強いときはお迎えの2～3時間前に圧抜き。それ以降は圧抜きをひかえ、お迎え後すぐに、赤ちゃんが飲みたいだけ飲ませましょう。お乳の張りを感じなくなったら、自宅に戻ってからゆっくり授乳しましょう。手で搾るよりお子さんに吸ってもらったほうが短い時間で楽に乳房の張りがすっきりします。

172

職場復帰したものの周囲のスピードについていけません
（11か月）

最初、頭が働かないのは自然なこと。時が解決してくれます

久しぶりの出勤は、新人の初出勤のようなもの。緊張や不安でいっぱいですから、テキパキ動けないのは自然なことといえます。時間の経過とともに新たな生活に慣れてくれば、精神的な落ち着きを取り戻し、頭の回転もスムーズになるはず。時間が解決してくれることですから、今はミスしたり注意されたりしたらその原因を自己分析して、同じ失敗をくり返さないことだけに集中しましょう。また「自分はダメ」とネガティブに考えると、萎縮してますます頭が働かなくなります。「久しぶりなのによくやっている」と自分をほめていきましょう。

173

赤ちゃんの体調不良で休むと、周囲に迷惑をかけるのがつらい
（1歳3か月）

感謝の気持ちをきちんと言葉にして周囲に伝えましょう

病気にならないようにといくら気をつけても、赤ちゃんが体調を崩すことはあります。ワーママの多くが経験することであり、同じ経験をしてきた先輩ママがいる職場なら、つらい気持ちは理解してもらえるはず。そのつらい気持ちや、上司や同僚の言葉すべてがよい経験となり、今後は似た境遇の同僚にやさしい言葉や前向きなメッセージを伝えられる人に成長できることでしょう。今は、仕事をフォローしてくれる上司や同僚への感謝の気持ちをきちんと言葉にして伝えていきましょう。

174

時短勤務をよく思わない同僚から嫌味を言われます

（1歳6か月）

当然の権利ですから嫌味は気にせず受け流しましょう

時短勤務は法律によって定められた権利ですから、本来なら人から文句をつけられる筋合いはありません。ですから、基本的には気にする必要がなく、何か言われても受け流しておけばよいのではないか、と思います。また自己肯定感が高く自分の生き方に満足している人は、嫌味や愚痴を言わないもの。そう考えると、嫌味を言うのは妬みや自分に自信がないことの裏返しと考えられます。仕事と育児の両立で疲れがたまると、そういう人のネガティブな言動で精神がまいってしまうこともありますから、できるだけ関わらないようにするのも一つの方法です。

175

子どもと触れ合う時間がとれないことに罪悪感があります

（2歳）

罪悪感をもつ必要はなし。笑顔で接しましょう

子どもの笑顔を見ると、ママやパパが幸せな気持ちになるように、子どももママやパパの笑顔が大好きです。ですから罪悪感で暗い表情になるのはよくありません。保育園には「ママも頑張ってくるから頑張ろうね」と笑顔で送り出し、お迎えのときは「楽しく過ごせた？」と笑顔で抱きしめてあげましょう。食事や入浴、着替えのときも歌を歌ったり抱きしめたりして、笑顔で接するだけで満点の子育てをしていますから自信をもって！　あとは仕事で大変なことがあっても、ストレスや不満を家に持ち帰らないように心がけるだけでＯＫです。

おわりに

現代は、楽しく子育てができるように、育児グッズが日々改良され、販売されている時代。手軽にスマホで育児情報を手にできる時代です。

その反面、突然起こる震災や災害によって、育児用品が手に入らない状況に陥り、大人が使っているものを利用して、生後すぐからの赤ちゃんのお世話をするための情報や知識も必要な時代となりました。

そんな時代の中、数多ある育児情報に振り回されず、自分たちの生活スタイルに合った子育て術や情報を選択して上手に育児をされているママやパパもいれば、何一つ問題のない育児をされて健やかにお子さんが成長しているのに、自信がもてないママやパパもいらっしゃいます。育児雑誌やインターネットで発信される、赤ちゃんの成長や発達、疾患についての情報で不安になったり、赤ちゃんの発達や成長、育児の仕方を周囲と比較して悩んだりして、相談に来られる方は少なくないのです。

子育ては生き方そのものですから、自分らしく笑顔で過ごせる方法を探していくことが一番、大切です。同じ親から生まれたきょうだいでも、発達の道筋や気質は違います。ですから、育児雑誌やインターネットの情報に縛られず、またまわりの人たちの子育てにも振り回されず、自分とお子さんに合った方法や情報を選んで、自分が目指すオリジナルの子育てを手探りでつくり上げていく。現代はそんな時代です。そのヒントとして、本書のアイデアを活用していただければ、と願っております。

私は2013年から『生後すぐからできる赤ちゃんのリズム体操』『産前・産後の「美ボディ」&「美乳」BOOK』『生後すぐからできる赤ちゃんの筋トレ遊び』『つながるいのち　家庭での性教育の絵本』を出版してきました。そして、この度、32年間実施してきた妊産婦・乳幼児の育児相談の集大成として、本書を出版するに至りました。漫画家のｃｈｉｉｋｏさん、Ｇａｋｋｅｎの小中知美さん、編集担当の中西美紀さん、イラスト担当の小川みほこさん、デザイン担当の長谷川由美さん、千葉匠子さんなど、本書の出版にご尽力下さった皆様に心から感謝申し上げます。

助産師　川島　智世

はじめての赤ちゃん育児
お助けQ&Aブック

2024年11月26日　第1刷発行

著者 ● 川島智世
● chiiko
発行人 ● 川畑 勝
編集人 ● 滝口勝弘
発行所 ● 株式会社Gakken
〒141-8416　東京都品川区西五反田2-11-8
印刷所 ● 中央精版印刷株式会社
ＤＴＰ ● 株式会社グレン

この本に関するお問い合わせ先
●本の内容については、下記サイトのお問い合わせフォームよりお願いします。
https://www.corp-gakken.co.jp/contact/

●在庫については　TEL:03-6431-1250（販売部）
●不良品（落丁、乱丁）については　TEL:0570-000577
学研業務センター
〒354-0045 埼玉県入間郡三芳町上富279-1
●上記以外のお問い合わせは
TEL:0570-056-710（学研グループ総合案内）

staff

デザイン ● 長谷川由美・千葉匠子
マンガ・イラスト ● chiiko
イラスト ● 小川みほこ
校正 ● 麦秋アートセンター
編集・文 ● 中西美紀
企画編集 ● 小中知美（Gakken）